温州市非物质文化遗产大观 四

AN INTRODUCTION TO THE INTANGIBLE CULTURAL HERITAGE OF WENZHOU

温州市非物质文化遗产保护中心 编

西泠印社出版社

序言

温州历史悠久，人文鼎盛，号称东南“邹鲁”。南宋时期，在学术方面，以叶适为代表的“永嘉学派”形成，在我国学术史上有着很高的地位和深远的影响；文艺方面，诗坛上出现了“永嘉四灵”诗派，戏曲上首创了“南戏”这种民间戏剧形式；医学方面，医学家陈无择以《三因方》为理论基础创立了永嘉医派。现今，温州更是有“东亚文化之都”“国家级历史文化名城”“戏曲故里”“中国工艺美术之都”等美誉。

灿烂的东瓯名镇，千年的文化积淀。温州先民在长期的劳动和生活中，创造了丰富多彩的非物质文化遗产，包括民间文学、传统音乐、传统舞蹈、传统戏剧、传统技艺、曲艺、民俗等，内容丰富，形式多样，富有地方特色。非物质文化遗产是我国优秀传统文化的重要组成部分，是文明绵延传承的生动见证。这些非物质文化遗产（以下简称“非遗”），承载着温州厚重多彩的文化信息，记录着温州人民筚路蓝缕的跋涉历程，见证着温州独辟蹊径的发展历史，弥足珍贵。

目前，全市共有永嘉昆曲、乐清细纹刻纸、瑞安木活字印刷术、泰顺编梁木拱桥营造技艺 4 项非物质文化遗产入选联合国教科文组织“非遗”名录，国家级“非遗”代表性项目 35 项，省级“非遗”代表性项目 159 项，市级“非遗”代表性项目 779 项；现有国家级“非遗”代表性传承人 37 位，省级“非遗”代表性传承人 230 位，市级“非遗”代表性传承人 933 位，市级代表性传承团体 14 个，市级代表性传承群体 20 个，整体项目数与传承人总数均居全国设区市前五。自 2017 年以来，温州市本级“非遗”保护发展评估指数连续六年位列全省第一。

近年来，温州“非遗”牢记“人民的非遗，人民共享”的根本宗旨，坚持以“见人、见物、见生活，共建、共享、共富有”为工作方针，有序开展“非遗”保护传承工作，进一步加强“非遗”系统性保护，促进“非遗”可持续发展。扎实推进“非遗在社区”全国试点工作，创新打造“瓯越非遗百家坊”品牌，增强“非遗”传承活力，促进“非遗”在城市社区中的广泛传承传播，让非遗保护成果回馈社会，反哺社区，融入百姓日常生活。同时，还借助“东亚文化之都温州活动年”的契机，推出了“让世界看见温州非遗”系列传播活动和“经典非遗一台戏”“戏从东瓯来”等“非遗”品牌节目，真正让温州“非遗”走出国门，大大提升温州“非遗”的国际传播力和影响力。

《东瓯遗韵——温州市非物质文化遗产大观（四）》以图文并茂的形式和通俗易懂的语言，较为生动地介绍了 86 项温州市市级以上非物质文化遗产代表性项目的基本情况。通过阅读本书，读者能够基本了解温州市非物质文化遗产的概貌，增强对优秀传统文化的热爱，激发民族自豪感和热爱家乡的情感，更好地推动温州市非物质文化遗产的薪火相传和进一步发展。

保护非物质文化遗产，关系到文化血脉的传承、精神家园的维护，关系到先进文化的建设、和谐社会的构建，也是时代赋予我们的责任。希望大家在了解家乡优秀传统文化的同时，也积极行动起来，共同保护我们的文化遗产，守护美好的精神家园。

2023 年 8 月 30 日

目录

第一章 壹 民间文学

洞头海岛歌谣

徐定超传说

高则诚传说

卖技（瑞安卖技）

洞头海岛歌谣

01

洞头区
2008 年列入第二批温州市非物质文化遗产代表性项目名录

据清光绪四年（1878）《玉环厅志》记载，洞头列岛早在清雍正年间就有歌谣流传。洞头歌谣是海岛人民集体智慧和创造力的艺术结晶，体现劳动生活，传授劳动经验，鼓舞劳动热情，歌颂劳动，表达人们对美好生活的向往。

洞头歌谣在洞头流传广泛，数量很多。其中渔歌弥足珍贵。1988 年编撰的《中国民间文学集成——浙江省温州市洞头县歌谣谚语卷》，共收集传统歌谣 200 多首。洞头歌谣主要分为以下几类：

1. 旧时政歌：表达对旧社会生活中的时政、形势的基本认识和态度，承载了民众的真实情绪。如《行船真艰苦》《脚踏船板三分命》《张网叹》，承载了劳动人民发自肺腑的感叹。

非遗工作者田野调查现场

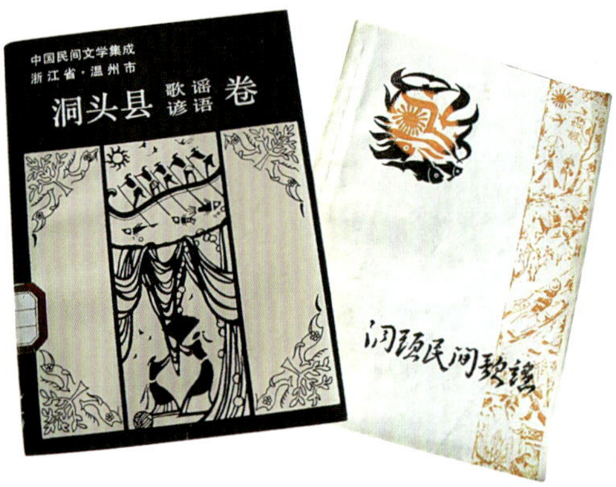

收录海岛歌谣的书籍

2. 劳动歌：倾诉劳动的艰难，渔歌别具一格。如《十二月渔歌谣》《渔歌对唱》，同时表现了洞头的海洋特性和民众的劳动场面。

3. 生活歌：表现日常生活，洞头民间歌谣中这类歌谣居多。面对日常生活中有关社会、家庭方面的重要事件，人们往往直接抒发情感，表达看法和追求。歌谣主题有祝福的、劝告的、逗笑的，真实反映了生活的方方面面。如《目屎当汤咽下肠》《怨世歌》表达了对旧时劳动生活的感叹。

4. 情歌：表现男女之间的微妙情感，这类歌谣在洞头很多，颇受群众喜爱，是追求爱情

渔民们表演海岛歌谣

的一种诉说方式，如《五更新婚》《十步送郎》。

5. 儿歌：童谣往往是儿童游戏时自然流露的童言，也有成人教育儿童简要认识事物的知识性歌谣，以童趣、娱乐为主，如《七夕歌》《月亮月光光》。

洞头海岛歌谣表演现场

6. 仪式歌：伴随民间礼俗和仪式而唱、念的歌谣，主要用以表达感情，如《哭嫁歌》《哭妻》等。

7. 历史传说歌：主要反映历史事件、历史人物和历史故事，如《孟姜女》《十二生肖歌》。（撰稿：陈爱琴 陈献英 卓桂枝 / 图片：彭春兰 卓龙海 陈献英 陈爱琴）

徐定超传说

02

永嘉县
2014 年列入第七批温州市非物质文化遗产代表性项目名录

西泠印社出版社出版的《温州历代名人故事（六）·徐定超》

浙江人民出版社出版的《温州都督——徐定超传奇》

枫林，地处浙江省温州市永嘉县东部，是楠溪江中游的水陆古道枢纽、历代兵家必争的军政重镇，也是诗礼传家的士族桃源，宋至清走出了 20 余名进士，可谓“一部永嘉史，半部在枫林”。这里为人文渊薮，演绎出了当地家喻户晓、口耳相传的民间文学“徐定超传说”。

徐定超为清光绪九年（1883）进士，其京畿道掌印监察御史、温州军政分府都督等身份深入民心。“徐定超传说”开始于他遭遇吴淞口海难后，由文人名家和百姓自发创作讲述，以永嘉枫林为中心，呈扇状向温州全域乃至杭、沪、京等地流传，形成一个跨省传说圈，一传百余年。

“徐定超传说”由史实和逸闻构成，以口头讲述为主，且有诗词谚语、童谣戏剧、书籍报刊、民俗活动等多种表达形式。内容包括他敢于谏言，让十多顶花翎落地；护粮平市，带头剿匪救灾；医名盛世，倡办学校培养进步后辈等事迹，以及《摆酒请乞丐》《帮助卖茶人》《智取被盗木材》等故事。现留有徐定超故居、江心屿徐公祠、御史祠等主要文化场所近十处。

“徐定超传说”体现了徐定超廉洁奉公、爱国爱民、聪慧正直等优良品质，对弘扬社会正能量起到了重要的教化作用；衍生了流布甚广的一批文艺作品，并在一定程度上补充正史，为枫林、永嘉等地的地方史研究提供线索。该

为纪念徐定超而建的御史祠

传说被纳入“枫林千年古城提质发展计划”，为文旅提速发展带来不可估量的社会经济价值。

目前有文人学者等编撰创作了长篇小说、连环画、戏剧等十多部，其中永嘉乱弹《温州都督徐定超》获浙江省民营文艺表演团体优秀剧目奖，并通过下乡巡演、中国剧协网展映促进项目传播。2016 年徐定超文化研究会成立，上百名学者专家及志愿者加入，召开研讨会，深入挖掘研究；2017 年，投资 300 多万元、占地 1600 平方米的徐定超纪念馆建成开放，以可视化形式长期展出本项目，入选浙江省廉政教育基地、温州市爱国主义教育基地、温州市家风家训教育基地等，每年参观者逾万人次。（撰稿：董小娥 / 图片：永嘉县文化遗产保护传承中心）

永嘉乱弹《温州都督徐定超》剧照

民间艺术家在徐定超故居表演“徐定超传说”

高则诚传说

03

瑞安市

2014 年列入第八批温州市非物质文化遗产代表性项目名录

高则诚是我国戏曲史上一位卓越的作家，他的代表作《琵琶记》被奉为“南曲之祖”而享誉中外，他伟大而传奇的一生给后人留下了许多动人的传说故事。高则诚传说可分为四类：一是关于他的聪慧童年的故事；二是表现他藐视权贵、伸张正义的故事；三是讲述他当官为民、刚正不阿的故事；四是描述他呕心沥血创作《琵琶记》的故事。这些传说从不同的侧面塑造了一个为民申冤的清官形象，又描绘了一位满腹经纶的江南才子的清逸风韵。

传说，高则诚出生在元大德九年（1305）深秋的雨夜。当窗外一声霹雳巨响，一道耀眼的白光闪进窗口时，高则诚呱呱坠地。所以，母亲便给他起名为“高明”，父亲给他取了个字“则诚”，意为效法模范，立身忠诚。传说小高则诚从书院放学回家，路过一个池塘，出神地看着一只正在捕食的青蛙。一位老尚书见高则诚身穿一件绿色夹袄，便灵机一动要试一试他的学问，出了一句上联：“出水蛙儿穿绿袄，美目盼兮。”小高则诚见老尚书穿了件大红袍，微驼了背，便对上了下联：“落汤虾子着红袍，鞠躬如也。”这就是传说中《巧对惊尚书》的故事。关于高则诚小时候的传说，还有《神童出世》《绳锯木断》《奇童戏客》等。

又传，有个叫祖杰的和尚霸占温州江心寺，鱼肉百姓。一次，瑞安书生李贤带妻子去进香，祖杰见色心动，要强留李妻在寺。无奈之下，李贤夫妻逃到洞头避难，祖杰派爪牙追到那里，李贤妻子撞石身亡。高则诚召集读书人在瑞安城内的一个亭子里集会，给温州知府写了一篇声讨檄文。温州知府慑于压力，捉拿祖杰归案，明正典刑。为了纪念高则诚这一义举，人们便把那亭叫“申明亭”，那巷就取名“申明亭巷”。

高则诚在元至正五年（1345）登进士第后，离开了家乡，开始了十四年的官宦生涯。他怀着“几回欲挽银河水，好与苍生洗汗颜”的抱负进入了仕途。为官期间他刚正不阿，为民办事，深受百姓的爱戴。他在“犬伤鹿案”中，重挫了监郡官马僧，护卫了百姓安全；在“巧断鸡头榆”案中，伸张了正义。民赖以安，任满调

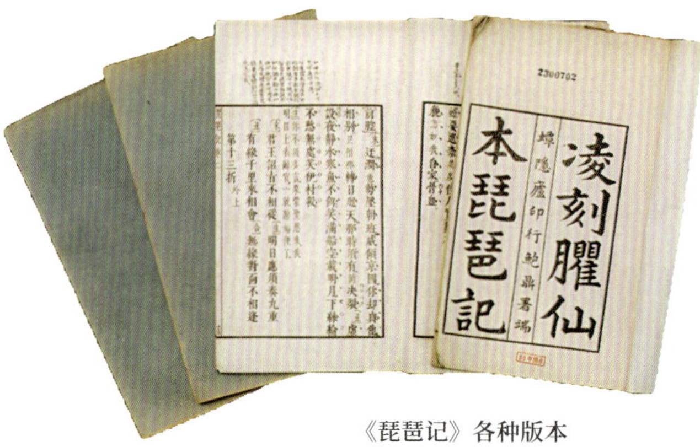

《琵琶记》各种版本

离时，百姓立“去思碑”来纪念他。任四明庆元路推官时，得知“四明狱囚多冤”，高则诚一一复查，凡查无罪证者，“悉讯遣之”，一时，“囹圄一空，郡称为神”，留下了《囹圄一空》《辩诬雪冤》《犬伤鹿案》《巧断鸡头槍》等许多表现他刚正不阿精神的动人传说故事。

高则诚纪念堂

在高则诚的传说中，最为动人的还是他创作《琵琶记》的故事。在元至正十九年（1359）前后，高明退出了官场，寓居在鄞县栎社友人沈明臣家——沈氏楼，埋头创作《琵琶记》，开始了“三年闭门谢客”的著作生涯。这一时期流传出许多动人的故事。写《糟糠自厌》时，为体验剧中情节，他一边啃咽妻子为他做的糠饼，一边写书，当写到“糠和米，本是两依倚，谁人簸扬你作两处飞；一贱与一贵，好似奴家共夫婿，终无见期”时，泪水不断沿着双颊滴到纸上，站在旁边的高夫人也伤心得泣不成声。高则诚曾对好友李士开说：“论传奇，乐人易，动人难。”为了“动人”，他不但在情节安排、人物塑造、词句斟酌上狠下功夫，还在曲牌和音律上反复推敲。为了使唱词更动人，他不断试唱，用脚在地板上踏拍，用手指叩击石桌，时间长了，石桌被叩得布满斑点，地板也被踏穿了洞。于是，《啮糠填词》《瑞光楼》《麻子桌与地板窗》《王四与琵琶记》《蔡二郎到蔡伯喈》《虹有桥梁不渡人》等故事便流传至今。

高则诚传说是几百年来广大人民对高则诚怀念之情、爱戴之情和钦佩之情的口头表达。它由人民不断创作，以讲故事、听传说等形式，一代代传承下来，至二十世纪七八十年代开始被整理成书籍。1983 年以来，瑞安市通过修建高则诚纪念堂、搜集整理出版《高则诚的故事》、收集有关高则诚史料、组织专题讨论会和“中国南戏故里行”主题活动，使高则诚传说得以不断延续，且愈加丰富。（撰稿：林成植 / 图片：庄颖昶 胡激勇）

《琵琶记》演出

卖技（瑞安卖技）

04

瑞安市
2012年列入第四批浙江省非物质文化遗产代表性项目名录

卖技，是浙南部分地区（瑞安、平阳、苍南）民间特有的一种民俗活动，它是民众在春节通过口头演唱艺术进行的一种特殊贺年形式，在飞云江下游南岸一带开展得尤为活跃，深得民众喜爱。

卖技活动有特定时间。它局限于春节期间，民间称“五日年”，大多在正月初一至初三，有“卖三不卖四”之说，并且只在晚上进行，长则通宵，但一般不延到日出。

卖技的演唱对象一般是当年有过喜事的家庭，即是年逢建新房、娶媳妇或嫁女儿（来新女婿）等喜庆事的村民家，活动在其家中庭前或堂屋中进行。但在平阳、苍南的一些地方，演唱者可“走村串户”地卖唱。演唱者均是本地村民，不拘年龄，老少皆可，但只有男性，没有女性参与。卖技不使用任何伴奏乐器，单凭口头清唱，也无口白。其唯一的道具，便是两盏灯笼，当中点上红烛，称为“祖师灯”，它很重要，缺了它不能成行。演唱可分两种形式。一为门头唱，俗称“门头掇”。二为开门入厅唱，也称“坐堂”唱。门头唱时间短，人也少，几分钟到几十分钟，主人送出礼品后即可结束。“坐堂”唱时间较长，人数较多，要七八个人到十多人，需好几个小时或通宵。

演唱方法有两种：一是一个人独唱，四句到底，谓之“四句顿”。另一种是一人领唱，每句的后三个字，由众人和唱，也叫伴唱，民间称“帮腔”，也称“高腔”。“四句顿”盛行于原仙降、万全一带；“帮腔”这种形式盛行于鳌江以南地区，鳌江以北极少见。

瑞安卖技与温州鼓词一样，以瑞安方言作标准音来唱，用瑞安腔来押韵，有起承开合，抑扬顿挫，节奏感强，悦耳动听。演唱的内容有祝贺、赞颂、奉承、祈吉禳灾等，可分为“扮”“叙”“对”“谢”等几种方式，即唱景、唱“古人”、唱“对送”和谢礼品等，一般以七字为一句（称小句），偶有用更多的字（如唱“百岁芳”），四句为一章句（称为大句），押一韵，唱下一章句时可转韵，也可蝉联上韵。演唱词句一般事先编定（有手抄卖技书），也有即时编唱的，如“对送”。它常用托物起兴、比喻或直叙等手法。每一章句的起句，常用拆拼文字或诗词中的名句来起兴，为全章句提出韵脚，如“出字拆开二重山”“全字二点本是金”“花有清香月有阴”“春宵一刻值千金”等，听起来清新，有韵味。

演唱程序：演唱者在庭院外开口唱词，表示来意，期望吉祥，接着唱《门头景》《辟草坦》等。如属开门入厅唱，入厅后先唱《安祖师灯》，接下唱《安六神》，唱八仙，唱其他众多“古人”，谢礼、收受礼物时要唱谢词，唱出事物的由来与祖师。演唱结束后，要唱《请回唐王祖师灯》。

卖技演唱活动

瑞安卖技参加“文化和自然遗产日”演出

卖技先生进厅堂演唱

演唱中也有几项不成文而大家均遵守的规定：逢在落成新房户演唱一定要唱《九龙厅》与《百岁芳》；逢在婚嫁户演唱，一定要唱《洞房诗》《麒麟送子》《百岁芳》；唱整本“古人”，应唱到结束；婚嫁户更要唱到生旦、团圆、中状元。

卖技演唱的材料，有部分是根据当地乡情编写的，如：《地方景》《万全景》《十二月花名》《洞房诗》《百岁芳》，内容涉及地方的历史、地理、物产、习俗、人事。

卖技在 20 世纪 50 年代还在正常活动，六七十年代无形中偃旗息鼓了。2006 年的农历正月初一，仙降老一辈卖纻先生重组了卖技班子，到村里唱卖技。瑞安卖技自从纳入非物质文化遗产名录后有较大的发展，目前该项目的社团组织有瑞安市卖技文化协会以及街道和乡镇的演唱团，全市能参加演唱活动的人员有一百多人，多数是老年人，年龄最大的八十多岁，最年轻的也近五十岁了。瑞安现有传承人中省级 1 人（许道春），温州市级 1 人（何克识），瑞安市级 2 人（李生姆与陈仕钗），年龄都很大了。

卖技可谓是瓯越文化丛中的一枝奇葩，是地方非物质文化遗产中的一颗小小的璀璨明珠，应加强保护、传承、研究与创新。（撰稿：何克识 / 图片：阮立忠）

第二章 贰 传统音乐

吹打（洞头龙头龙尾）

温州江河号子（乐清清江号子、慎江号子）

吹打（洞头龙头龙尾）

01

洞头区
2007 年列入第二批浙江省非物质文化遗产代表性项目名录

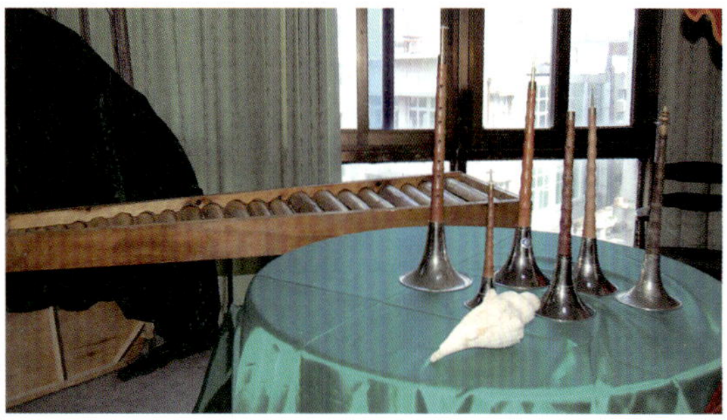

《龙头龙尾》表演乐器组合（一）

《龙头龙尾》是流行在洞头区的一首优秀的民间吹打乐曲，以渔民海洋生活为主要素材，是洞头民间风俗生活中婚丧兼用的伴奏曲，具有浓郁的海岛特色，至今为洞头人民所熟悉与喜爱。早在一百多年前，民间艺人叶卿等人最先从福建泉州带来了民间布袋戏、木偶戏在洞头演唱，伴以唢呐为主要演奏乐器的南昆调，如“海螺”“梳妆楼”“黄花连”等，奠定了

开展传承人群传授活动

《龙头龙尾》洞头渔家乐广场表演现场

洞头民间音乐基础。在叶卿等民间艺人的传授下，洞头先后出现了一批优秀的民间艺人，大大加速了此地民间音乐的发展，其中《龙头龙尾》经过几代人演奏、提炼、加工，成了一首优秀的器乐曲。

该乐曲最初以唢呐演奏为主，稍显单调。二十世纪四五十年代，洞头艺人在乐器上进行了改革，逐步加入弦乐（二胡、板胡、琵琶、三弦）、吹奏乐（笛子）、打击乐（钢钟、马锣、小云锣、鼓、大小堂鼓），使乐曲更为动听优美。《龙头龙尾》全曲由《水波浪》《龙头》《龙尾》《状元游》连缀而成，乐曲演奏起来气势雄伟，热情豪放，表达了渔民勤劳勇敢和喜庆乐观的精神。1957 年 7 月，该曲由洞头区民间艺人施书宝、洪喜等组织乐队在全国第二届民间音乐舞蹈会演上演奏，并荣获浙江省第二届民间音乐舞蹈一等奖。近年来，该曲多次参加国家、省、市级文艺会演，广受好评。（撰稿：陈献英 蔡海滨 / 图片：陈献英 卓龙海）

《龙头龙尾》表演乐器组合（二）

温州江河号子（乐清清江号子、慎江号子）

02

乐清市
2008 年列入第二批温州市非物质文化遗产代表项目名录

七里港镇位于乐清市南端、瓯江北岸，东与黄华镇毗邻，南与温州市区隔江相望，西与北白象镇交界，北与柳市镇相连，是孙中山先生在建国方略中提到的东方天然良港之一。

劳动创造了音乐。地域的差异和工种的不同产生了风格不同的民间音乐。俗话说：“一方水土养一方人。”靠山吃山，靠海吃海，乐清地理，靠山面海，于是，乐清有山歌亦有渔歌。

昔时沿江人民主要依靠渔业、运输业等行业生活。当时七里港一带海域波光潋滟，帆星点点，渔舟列阵，桅杆林立，蔚为壮观。出海作业，须同心合力，一呼百应，风雨同舟，生死与共。号子荡漾其间，高亢而悲壮，是渔民与风浪搏斗的战斗口号和精神力量。

清江号子，又名渔家海螺，源于清江方江屿渔村渔民准备出海时的渔帆船的启动号子歌。

清江号子表演现场

为了协调动作和鼓舞士气，渔民们就在号子声中掌握行进节奏，日复一日，年复一年，就逐渐形成了清江号子。

渔民出海时，由领唱召集工友时的长号、拉帆蓬时的短号、开船时的浆橹声混合而成，声势排山蹈海，预示着破竹出海之势，丰收鱼归来之意。

作为劳动人民在长期的劳动过程中形成的音乐，其原来的表现形式非常单一，就是口头形式，边劳动边哼唱。被搬上艺术舞台之后，配上背景音乐，还有道具（船桨等）、服装、舞蹈等等。

清江号子是由长号、短号、船桨击水的声音、涛声、江风声以及船工的吆喝声混合而成，气势磅礴雄浑，节奏欢快嘹亮，表达了渔民安全出航，并且满载而归的愿望。

随着行船水情的变化，船工们会吟唱不同的号子，许多号子往往是渔民在航行中触景生情而即兴创作的，大量使用赋、比、兴的手法编唱着号子词。号子既是指挥协调的“号令”，又是船工苦闷生活的“调节剂”，是技术与艺术的融合。

现在机动船基本上代替了帆船，渔民也不需要拉帆，渔歌已没有人演唱，现在只有通过艺术形式将其表现出来。

古时瓯江叫“蜃江”，后改“慎江”，其实《慎江号子》从广义说，也就是瓯江两岸的渔歌。改编后的《慎江号子》分出海、起锚、拨逢、摇橹等部分，充分体现了渔民搏击狂风恶浪的英雄气概，在困难面前绝不屈服的精神。其音乐粗犷、豪爽、响亮、铿锵有力，同时也保留一点江河纤夫号子的那种婉转、苦难、凄惨、压抑的特点。为了使纤夫力量集中，号子的最后一字，唱得特别激昂，尾音拖长而悠扬，静夜听之韵味无穷。

现在，随着改革开放的进一步深入，乡镇企业崛起，各项事业蒸蒸日上，出海捕鱼已是

《慎江号子》——抗潮

《慎江号子》——拉舢板

《慎江号子》——摇橹

机械化作业，粗犷、明亮、悲壮的《慎江号子》渐渐地离我们远去，昔时的号子已被隆隆的机器声所替代，那铿锵有力的号子声皆已化为建设现代化新港口的阵阵号角声。但为了再现七里港人敢于开拓、敢于与天灾人祸抗争的团结精神，2005年《慎江号子》在镇文化站和马道头村老年协会的共同努力下登上舞台，再续辉煌。（撰稿：徐小慧 / 图片：乐清市文化遗产保护中心）

第三章 叁 传统舞蹈

浮缸舞

01

市本级

2008 年列入第二批温州市非物质文化遗产代表性项目名录

“浮缸”表演者冯彩秋传授学生舞蹈技艺（一）

传统舞蹈《浮缸》，出自浙南最有影响的地方戏曲剧种——乱弹《前岳传》戏中一折。据《瓯剧史》记载，清代中后叶，当时的一个乱弹班社，在与他班“斗台”的竞争中发展了《前岳传》剧目，并受北方“跑旱船”“跑驴”启发，创编了这个舞蹈，名曰“水满汤阴”。《浮缸》1983 年入编《中国民族民间舞蹈集成·浙江卷》。

该舞蹈主要描述了民族英雄岳飞出生时，河南汤阴县突发大水，情急之下，岳母姚氏怀抱幼子岳飞坐于花缸内，在洪水中随波漂流，搏击风浪，险象环生中得百鸟护缸，终于得救的故事。

《浮缸》以戏曲歌舞的形式展现于舞台，以戏曲唱调载歌载舞。演员一人携婴儿（道具）置身花缸（道具）之中，时而被推上浪尖颠簸，时而又被抛入水谷挣扎，在风浪中搏击沉浮、无助漂流，情节惊险，动作优美。演员运用双足、两腿及臀部摆动与肢体协调，有规律地用高、低、上、下、左、右、旋转等动作表现颠簸摇荡，配以传统瓯剧的唱调、锣鼓音乐韵律边舞边唱。舞蹈古朴粗犷地表现人与缸在洪水中漂浮的情景，人与风浪搏斗的动态感与律动感。《浮缸》是先辈戏曲艺人将民间舞蹈形式融入戏曲的舞戏一体的成功例子。

我国的民间舞蹈品种繁多，而在边歌边舞形式的舞蹈中，以古老戏曲为依附最终“裂变”成独立品种者，罕见；“裂变”后依然保留戏曲唱调者，亦罕见。这种古老的声腔唱调依附于约200年前的原创基本形态，繁衍至今并发扬光大者，尤其罕见。这种表演数百年来深深根植于群众之中，深受群众喜闻乐见，这是其魅力之所在，更是其艺术价值之所系。

我国诸多民间艺术文化，就是这样赖之于一代代口传身授的动态师传继承，才得以久久流传。（撰稿、图片：温州市瓯剧艺术研究院）

“浮缸”表演（一）

《浮缸》表演者冯彩秋传授学生舞蹈技艺（二）

“浮缸”表演者冯彩秋传授学生舞蹈技艺（三）

“浮缸”表演（二）

海蜇舞

02 洞头区
2015 年列入第九批温州市非物质文化遗产代表性项目名录

海蜇舞参加温州特色农业博览会演出

清嘉庆年间，洞头洋海蜇养殖产业发达，尤其是元觉、三盘一带海蜇最佳。海岛艺人根据祖辈们的口述，编撰了大量关于海蜇的民间故事，而元觉渔民根据海蜇自身特点，编创了海蜇舞，通过拟人、夸张的艺术手段，表现海蜇活动的情景，将海蜇活动的场面以童话般的情境展现在世人面前。

乡村文艺队排练海蜇舞

音乐响起，海蜇扮演者随着音乐缓缓由后台“游”出，悠闲自得，心情愉快，在浩瀚的“海洋”里尽情地嬉耍，“海蜇”绕场一周后，渔夫扮演者摇橹出场，东张西望，寻找捕捞猎物，突然他眼睛一亮，显现出喜悦的神采，加快摇橹速度，欲去捕“海蜇”，这时音乐由缓慢逐渐加快。当“船”摇到“海蜇”旁时，渔夫放下摇橹，拿起渔勺向“海蜇”戳去，“海蜇”灵活地侧着身向前逃去，渔夫只好又拿起摇橹追赶。“海蜇”似乎有灵性，与渔夫捉迷藏，“游泳”速度忽快忽慢，像这样，渔夫与“海蜇”在台上追赶了三个回合，渐渐地渔夫发现“海蜇”非常可爱，“海蜇”也觉得渔夫憨厚老实，两者之间产生了友谊，渔夫不准备捕捞“海蜇”了，音乐逐渐缓慢下来，渔夫与“海蜇”相互跟随着缓缓向后台离去，给观众留下无限遐想的空间。

舞蹈所描述的渔夫与海蜇由对立走向和平共处的故事情节，反映了海岛人民渴望人与自然和谐相处的美好愿望。（撰稿：陈献英 倪少燕 卓桂枝／图片：洞头区非遗保护中心 陈献英 邱霞）

通过提炼创新，由海蜇舞改编成的儿童舞蹈，获浙江省幼少儿舞蹈大赛兰花奖

鹿西鸟灯舞

03

洞头区
2009 年列入第三批温州市非物质文化遗产代表性项目名录

百鸟灯历史悠久，自明朝末年产生，经历了数百年的沧桑，据说，舞鸟灯的习俗，在鹿西已有 400 多年的历史。

相传明朝末年，受尽饥荒的乐清、温州龙湾一带居民纷纷搬迁至鹿西岛，以打渔为生，向大海讨生计。但令他们失望的是，尽管他们非常努力地去改变贫困的面貌，但还是连年饥寒交迫。特别是在明万历十五年（1587）农历十二月十二日的早晨，岛上渔民驾着帆船到双排岛附近去打渔，一队海盗却悄悄地驾船向岛上靠近，面对手无缚鸡之力的老弱妇幼，海盗们大肆抢掠。这时，在双排岛上栖息的一群鸟好像发现了岛上发生的一切，不停地在帆船的上空盘旋并发出悲伤的鸣叫，而后纷纷向着渔民们居住的鹿西岛飞去，颇通人性的鸟儿们与海盗展开了激烈的“战斗”，和随后赶回家的渔民们一起赶跑了海盗，但有许多海鸟被海盗残害了。为了纪念牺牲的鸟儿，人们把双排岛命名为“鸟岛”，每年的农历十二月十二日，岛上的居民都会自发地用自家的毛竹折起一个个鸟形的灯笼，点上蜡烛，排起队伍在岛上游走，以纪念为保卫渔民的财产而牺牲的鸟儿。后来，这样的活动成了岛上居民的一个节日习俗，并且活动的意义也发生了改变，渔民们不仅纪念鸟儿，同时借舞鸟灯活动寄托自己期望平安的愿望和对丰收的渴望。经过数百年的沿袭、继

舞鸟灯

鹿西鸟灯舞制作材料

鹿西鸟灯舞进校园

承和发展，现在的百鸟灯活动又有欢庆丰收、祝愿平安吉祥的含义，成了渔村群众自娱自乐的民俗文化活动。

鸟灯舞以鸟灯为主要表演道具，村民以金龙、银龙领头，分两队穿插走阵。在夜幕的衬托下，各式鸟灯或作飞翔状，或作歇息状，或引吭高歌，或俯瞰，或抬头仰望，栩栩如生。当现场表演的锣鼓声响起，各式鸟灯按照元宝阵、五星阵、天下太平阵等阵式游走，随着锣鼓声音时快时慢，时缓时急，鸟灯队伍犹如在云彩中飞舞，又如在鸟类森林大会上舞蹈，有回归自然的味道，让人感觉清新自如，整个表演连贯自然，动作舒展，气氛活跃。

百鸟灯的传统演奏乐器是打击乐，包括鼓、钹、锣三种。曲调欢快、热烈，表现出欢庆、喜悦的场面，演员按照传统的样式统一着装，身穿黄色黑边的传统衫裤，腰系一条宽约 50 厘米的黄色黑边丝绸带子，带子绣有鸟纹，具有简洁、朴实的特点，极适宜在基层农村表演。

鸟灯以竹篾扎成飞鸟的形状，外蒙白纸，涂上各种颜色；讲究的，还用鸟的羽毛粘贴。较普遍的鸟灯，有孔雀、白鹤、白鹳、海鸥、海燕等形状。鸟灯内竹横档上可插蜡烛。（撰稿：陈献英 郑振华 / 图片：洞头区非遗保护中心 鹿西乡乡文化站）

元宵节鸟灯民俗踩街活动现场

大贫跳

04

乐清市

2009 年列入第三批温州市非物质文化遗产代表项目名录

《大贫跳》演出现场

在乐清县大荆山区水涨有一座东岳大帝庙，庙神是神话小说《封神榜》中的重要人物黄飞虎。每年七八月间，这里都要举行盛大的庙会活动。盛典之日，参与人数之多、节目之丰富使人惊叹。迎神时，前有八骏马开路，后有琴箫鼓乐、仪仗执事，威严显赫、隆重豪华。打十翻、走高跷、闹抬阁、打水盏……还要表演“特地故事”，这《大贫跳》就是“特地故事”中的一种。

在庞大的迎神队伍中，有一群身穿破旧衣服，手拿旱烟筒的乞丐队伍。他们边走、边唱、边舞，指人指物，信口开河，任意褒贬，风趣生动。因所唱内容多于财主豪绅不利，因此被当时统治阶级称为《大贫跳》。关于《大贫跳》的起源，说法不一。有的说起源于唐僖宗乾符年间，有的说起源于晚清时候，据传授者杨玉明推算，起码可以前推至 20 世纪 20 年代。

《大贫跳》的演出，一般需要 5—9 人，其中一人领唱，众人随和。随演者头戴毡帽，身穿“三勿像”长衫，前襟袒露、衣角斜吊、腰围布带，手持竹烟筒，十足的贫困乞丐样。《大贫跳》唱的是通俗、简单的“莲花落”，上下句基本对称，旋律十分简单，唱句一般是信口编就，也常即兴痛骂一些为群众所不齿的人，如贪官、劣绅之类，充分反映了他们不畏强暴、诙谐幽默的性格。因为他们是神的“前卫”或乐班，为神表演，代神执言，所以被骂者纵然当众被辱也只能怀恨在心，不能公开反对，往往气得回家大病一场。

新中国成立后，《大贫跳》曾被加工整理成《烟筒舞》，并到温州市区演出。目前，当地的年轻人已不熟悉家乡的这种舞蹈。（撰稿：乐清市文化遗产保护传承中心 / 图片：林丹）

《大贫跳》演出现场

萧江大鼓舞

05

平阳县
2009 年列入第三批温州市非物质文化遗产代表性项目名录

平阳《萧江大鼓》参加 2010 年上海世博会浙江活动周

萧江大鼓舞是一传统舞蹈，与平阳萧江桔坡山陈府庙内的萧江大鼓直接相关。萧江大鼓始于明末清初，原是平阳南港——鳌江流域用作抗倭的号令鼓。此鼓甚大，民谚："萧江庙中一大鼓，皮取湖州黄牛牯。鼓面可设八人席，初一声传到十五。""初一打鼓，声传十五"，鼓面能摆放一张八仙桌，边置 8 张八仙椅，8 人对坐饮酒，周边容 1 人端菜畅通无阻。群众称此鼓为"太平鼓""圣鼓"，不能随便击鼓，只有在正月初一子夜由贵人开击。传说击鼓者以"三、六、九"响最为吉利：一鼓打健康，二鼓打长寿，三鼓打富贵，四鼓打荣华，五鼓打发财，六鼓打高升，七鼓打和谐，八鼓打如意，九鼓打太平，这是萧江人的精神图腾和心灵寄托。20 世纪 60 年代该鼓遭到破坏，1990 年重建，直径 2.36 米、鼓高 2.00 米，安放在萧江桔坡山陈府庙内，成为萧江的文化地标。

平阳民间根据该鼓在抗倭时击鼓传令中集合、编队、出发、抗敌、得胜收兵等情形编成民间舞蹈表演，名曰《萧江大鼓》，至今盛传不衰。《萧江大鼓》舞，以祭祀圣鼓，祈求风调雨顺、国泰民安为内容演变成欢庆太平盛世的广场鼓乐舞，《萧江大鼓》已演遍了省内外，并应邀参加澳门妈祖风情节广场舞演出。《萧江大鼓》舞用到的道具有仿制的萧江大鼓 1 只和小圆鼓 24 至 30 只。舞者 24 至 30 人，身穿戎装，边击鼓边舞蹈，表演祭祀圣鼓、编队、列阵、抗敌、制敌、凯旋、欢庆太平等情节。鼓大而声沉如雷，舞队雄壮而威严，气氛热烈。舞蹈宣扬了中华民族不畏强暴，保家卫国，英勇奋战夺取胜利的大无畏精神，具有爱国教育意义，对研究东南沿海一带抗击倭寇的历史具有重要的参考价值。（撰稿：郑金开 / 图片：赵旸）

《萧江大鼓》演出现场

山门上垟舞龙

06

平阳县
2011 年列入第四批温州市非物质文化遗产代表性项目名录
扩展项目

山门上垟舞龙已有 130 多年历史，至今已传承六代，是山门镇上垟村一项颇有特色的传统舞蹈。该村坐落在山门镇西南侧，是一个平原大村，现有常住人口 3000 多人。

上垟舞龙源于人民群众的劳动与自然生活，在传承中不断地变化与发展。上垟舞龙为十节龙，以竹木为骨架，上罩金黄色帛画，帛画斑斑点点，舞动时金光闪闪，煞是好看。舞龙有 72 种套路，如卧龙、滚龙、龙翻吐、龙被脚、龙被顶、龙被外抢球、金蛟剪、弄秤钩、造龙盾、抽龙筋、走龙屋、龙盘柱、蛤蚧开花、龙孵蛋、起龙屠、龙圈柱、传龙双头匣、龙贴壁、走龙门、落地莲花、金龙出洞、蝙蝠出洞、龙头包尾、龙尾包头、四螺弯、舞龙洗牙、金龙哺乳等。使用的音乐有：打击乐、走路板、慢板、分盘、双七、大小旺、鲤鱼滩、狮鼓、舞龙鼓、走路板等。舞龙队由 20 多人组成，在表演中，“龙”跟着“绣球”做出各种动作，不断地展示扭、挥、仰、跪、跳、摇等多种姿势，欢乐而喜庆。1953 年，舞龙队参加温州市舞龙比赛，获得第二名，被平阳电视台拍摄成新闻片，在中央电视台播出；1956 年，配合浙江省某电影制片厂专题拍摄，

山门上垟舞龙在革命先烈塑像前表演

山门舞龙队

曾经轰动一时。上垟舞龙队不仅在过年过节期间进行表演，还会在乡镇日常开展的大型活动中积极表演。另外，农村举办红白喜事时，也常邀请上垟舞龙队参加活动。

舞动幸福龙

上垟舞龙的表演艺人世世代代为上垟村及周边一带村民，表演区域主要在山门镇，其他如平阳北港一带的南雁、水头等乡镇也有涉及。由于种种原因，舞龙队一度解散，表演器材丢失，仅存一条破旧不堪的龙衣，被白均化、白坼福收藏。1944年正月，白均化、白坼福重新组织舞龙队，开展活动。目前上垟舞龙队经常参加镇里日常开展的有关文娱活动。上垟舞龙展现了一些平阳的民风民俗和人们的文化生活方式，有较强的艺术性，是老百姓智慧的结晶。（撰稿：郑全开／图片：黄朝评 张勤 倪宝道）

泰顺八宝灯

07

泰顺县
2008 年列入第二批温州市非物质文化遗产代表性项目名录

泰顺八宝灯是一种主要流行于泰顺城关的民间灯舞。据罗阳镇南外村《董氏宗谱》记载，清乾嘉年间，罗阳潘姓秀才，赴考落第后赋闲在家，见每年元宵佳节游街只有舞狮、马灯，深感式样单调，不久，他便和当地一名木匠合作，采集 20 多首民间小调，配以唱词和舞蹈动作，创作了流行至今的八宝灯。

八宝灯表演者为八名年轻男女，八人各执法器道具边唱边舞。表演步法为小碎步，有外罗城、内罗城、鲤鱼上滩、三步紧、编长篱、交剪梢、四角绕等阵式，乐队乐器有二胡、小鼓、钹、板胡、三弦、笛子、小锣、大锣等。曲调采用传统的宫、商、角、徵、羽调式，大量使用滑音、前单倚音和上波音；唱词大都采用七言句体，一般采用前四后三格。歌词内容有反映城镇市民生活情趣的，如《蜡梅花开》中的“先饮酒，后猜拳，杯杯相劝”；有表现神话传说的，如《大鹏苑》中的“身背青锋吕崇阳，国老情筒捧肩上，是神仙”；有描述男女情感的，如《送郎》中的“送郎送到大门西，双手开门骂金鸡，便骂畜生啼太早，拆散姻缘两分离”。八宝灯唱词内容灵活多变，常按个人或场合的需要，将某首曲调作为蓝本，进行即兴编词。

潘秀才原创组曲共 20 多段，当代只剩下《大鹏苑》《青铜宝镜》《山坡羊》《戒赌词》《纱窗外》《闹元宵》《新年》《送郎》《蜡梅花开》《鲜花调》《大姐看灯》11 种曲牌。长期以来，特别是 20 世纪 80 年代之前，每逢过年过节或有

传承人董家松制作的八宝灯道具

给八宝灯演员化妆

居民婚丧嫁娶、生辰寿诞，艺人便自发组织献艺，是泰顺城关一道美丽的风景线。清中叶编印的《小慧集》（贮香主人编），曾选载10多首当时最流行的小调，其中就有《纱窗外》和《鲜花调》。可见，八宝灯音乐是明清小曲的代表，蕴含丰富的民俗学信息，是研究明清民歌的珍贵案例。

1952年、1954年、1956年，八宝灯先后三次参加温州专区会演并获得好评。1986年，组曲中的《蜡梅花开》入选中央人民广播电台“每周一歌”节目，向全国播放。

截至2021年，刘千里、董家松先后被评为该项目市级代表性传承人。（撰稿、图片：泰顺县非遗保护中心）

泰顺八宝灯表演现场

第四章 肆 传统戏剧

提线木偶戏

单档布袋戏（泰顺布袋戏）

提线木偶戏

01

苍南县
2012 年列入第四批浙江省非物质文化遗产代表性项目名录

提线木偶戏，古称“悬丝傀儡”，又名“丝戏”或“线戏”，民间俗称“嘉礼戏”。

苍南提线木偶戏始于宋，盛于明清。明清以来，艺人们借鉴了南戏曲牌、唱腔、表演等方面的特征，使木偶戏艺术逐渐走向成熟。清末民初，平阳（含今苍南）民间尚有 100 多个木偶班社，其繁盛余风沿袭至 20 世纪 50 年代，当时各乡镇几乎村村都有木偶剧团。

苍南的提线木偶高约两尺（约 67 厘米），由偶头、笼腹、四肢、提线和勾牌组成。偶头以樟、椴或柳木雕成，内设机关，五官表情丰富；竹制胸腹、手有文武之分，舞枪弄棒、笔走龙蛇、把盏挥扇，妙趣横生；脚分赤、靴、旦 3 种，勾牌与关节间有长约 3 尺（1 米）的提线。随着木偶舞台演出区域的扩展，木偶戏提线表演占据整个舞台空间，提线可达 6 尺（2 米），难度大，但表现力大增。表演时，艺人站在高台通过操弄丝线牵动木偶表演，提线一般为 16 条，一些特技木偶提线多时有 30 多条，这样角色的表演便更加细腻传神，惟妙惟肖。

提线木偶戏前台表演人数一般为6—10人，后台有专门的乐师团，音乐唱腔以乱弹为主，兼唱昆剧、和调（京剧）等。表演形式采用“二元体”，既要有“人戏”中的“四功五法”，又要有提线木偶的“三线八法”（“三线”指千斤线、腰线、底线，“八法”指手指的提、

传承人胡允早亲手设计制作木偶的身体、服装、扮相

传承人高爱宝在整理、缝补木偶服装

提线木偶戏后台乐师

提线木偶戏《盛世欢腾》

转、勾、挑、甩、抡、闪、摇），具备“人戏”中的各个表演环节和“人戏”所不能表现的表演手段，适应庙会演出与小广场表演。

提线木偶有以下特点：一是简单便捷。提线木偶剧团，根据场面大小决定表演人数，多者十多人，少者五六人，为农村、山区群众带来很大方便。二是通俗易懂。木偶剧用本地方言闽南语演唱，适时加入乡俗俚语，语言幽默风趣，对群众具有很大的吸引力。三是场面精彩。飞天、喷火、变脸、插拔剑、断臂、纺织、写字等特技动作，让人眼花缭乱，总能赢得台下声声喝彩。

木偶戏题材广泛，演出剧目多为神话戏和历史戏等传统剧。脍炙人口的剧目有：《平妖传》《月唐演义》《薛丁山征西》《五虎平西》《水漫金山》《武松打虎》《杨门女将》《目连救母》等。1955 年，“新民”木偶剧团的《断桥》，被浙江省选送参加全国木偶皮影戏调演；1959 年，“新民”木偶剧团在杭州国际饭店为波兰等 16 国外宾表演《水漫金山》；1981 年，“新星”

传承人胡允早在表演《钟馗醉酒》

木偶剧团应邀在第五届全国人大第四次会议上为人大代表表演《时光飞针》，受到一致好评。

“新艺”木偶剧团是近几年来苍南较活跃的木偶剧团之一。该剧团在长期坚持演出传统剧目的同时，还创编了《欢庆盛世》《天师钟馗》《金鸡报晓》《火将军变脸》等新剧目。其中，《欢庆盛世》曾于 2020 年在央视 CCTV-17《我的美丽乡村》栏目精彩亮相。（撰稿：苍南县非遗保护中心 / 图片：戴秋琴）

单档布袋戏（泰顺布袋戏）

02

泰顺县
2009 年列入第一批温州市非物质文化遗产代表性项目名录
扩展项目

布袋木偶戏主要靠手指操纵木偶，因此又称“拇指戏”。据文献资料，敦煌莫高窟唐代壁画中有一幅描写妇女单手耍布偶哄小孩的作品，被视为布袋木偶的早期形象，而宋代《武林旧事》《东京梦华录》记载宋朝宫廷宴会的节目单上就有掌中木偶戏。据此，布袋木偶戏虽然不是宋代流行于汴京的五种著名木偶戏之一，但其出现及流行时间一定不迟于宋代。南宋末年，大批木偶艺人纷纷南下，布袋木偶戏很可能在该时期传入温州及福建一带，并随着移民传入泰顺山区。当代泰顺布袋木偶戏主要流行于泰顺南部的泗溪、雅阳、三魁、彭溪、仕阳、东溪等地。

泰顺布袋木偶戏综合了民间手工制作艺术和表演艺术，其基本特征是精致简便，流动性强，表演风格诙谐幽默，具有浓郁的乡村生活气息。泰顺布袋戏一个艺人一副戏担，不论田头、树下，还是屋旁、厅头，只要有三尺空地，就可以开演各种各样的小曲大戏。不论大戏小戏、文戏武戏，也不论生、旦、净、末、丑，还是吹、打、弹、唱、耍，全凭单个艺人表演。

表演前，艺人将板凳摆稳，把锣鼓等乐器装在板凳的机关上，将扁担插在板凳上的固定孔里，用装着铁插的一头顶起小小戏台，再把蓝印花被套围在戏台下方的四周。上述准备工作完成后，艺人便“躲”进布帷里，双脚套在

布袋戏表演戏台

艺人在布帷里表演

泰顺布袋戏在泗溪镇溪东桥头演出

制动乐器机关的绳索圈。双脚一动，锣鼓便响；声腔一开，村民便闻声而至。

叶其贡是柳峰乡墩头村人，小时候，与墩头村毗邻的福鼎乡村的布袋木偶戏经常来墩头村表演，他悄悄迷上了它。20 岁时，他拜福建师父学习表演，从此走上表演布袋木偶戏的道路，至今已有 40 多年，掌握了几十出传统戏。叶其贡说，布袋木偶戏与别的戏种不同。别的戏演出时，艺人可以随时更换，中途可以休息，而布袋木偶戏的演出是连轴转，一出戏表演完需要两三个小时，想喝口水都比较难。但他表示，布袋木偶戏给大众带来快乐，也给自己带来快乐，所以能终身坚持。

随着说唱艺人的日渐减少，布袋戏也面临传承困难的问题。据统计，当今具有较大影响的布袋戏民间艺人有 10 余人，其中有代表性的传承人 5 人。

2010 年，叶其贡被评为该项目市级代表性传承人。（撰稿：苏世平 / 图片：季海波）

戏台后面的布袋木偶道具

第五章 伍

传统体育游艺与杂技

刚柔虎安拳
老鼠嫁囡
飞熊拳法
三魁打狮

刚柔虎安拳

01

龙湾区
2014 年列入第八批温州市非物质文化遗产代表性项目名录

虎安拳是温州南拳特色拳法之一，由“虎尊”“安海”两种拳法合二而一。

虎尊拳是清乾隆间，福建永福县（今永泰）洑口李元珠仿虎的动作形态而创作的，经弟子郑登光的“虎腿”、李昭北的“虎爪”传向福州，南闽一带民间有“登光腿、昭北手”之说，后成门派。安海拳以南少林伙僧李春的法号命名。李春，法号安海，南少林寺第三次被毁坏时，藏永泰濑下，传王桂枝拳法，经王桂枝、王道书、王德昌数代相传。清末福州鼓山寺小和尚王熙鹏（法号阿静）擅“虎尊”“安海”二拳。而后，阿静来瑞安梅尖山做主持，将虎尊拳、安海拳传授给王国超。

民国中，王国超避难至永强天河三甲后凤宗亲，在天河三甲王氏宗亲中传授虎安拳以及治伤骨科、制膏药的医药技术，传承者以王作源、王挺美、王成杰三代人为代表。王挺美为家喻户晓的“擂行老师”，设拳坛四十六坛，行教近六十年，足迹遍及温州各县，以及玉环、青田等地，亲传弟子逾千人，再传弟子万余人。王成杰为五代亲传自家子弟，成立龙湾南拳协会三甲分会，任会长。2015 年 6 月 21 日，温州经济技术开发区少林虎安拳协会成立，王成杰又任会长。

虎安拳套路有小八卦、五虎翻身、双肩、马拳、六步、斩剑，器械有丈二棒、短棍、双钺、

市级代表性传承人王成杰表演虎安拳

虎安拳拳师表演刀法

虎安拳拳师表演棍法

刀等。

虎安拳的基本特征如下：招式以手法变化为主；步法以短马侧势为主，脚步稳固，气贯丹田，刚劲出击。手法灵活多变，狠巧虚实，并以近身撞顶的击技，上打下取，招式成环，主要有冲、劈、砍、挫、扣、刁、砸、推、缠、封、按、锁、插、捞、靠等动作；劲力饱满，以势蓄劲、刚劲如铁，多有开声唤气以助威。同时，该拳法步健稳马，刚柔并济，上盘刚韧，中盘柔软，下盘坚实；身法上贴身靠打，跳跃蹬踢，善生力、化力、弃力，落地生根，以静制动，刚柔相推，互为制衡，虚实分明，灵活多变，在“形与意”交融、“体与用”并举中，实现“刚柔相济”的完美结合。

近年来，虎安拳协会组织拳师会员参加各类传统武术比赛，获奖累累；在各级各类体育活动中表演，大受欢迎；2012 年中央电视台摄制虎安拳数十人表演“丈二棒”，数百人团体表演拳法的纪录片。虎安拳协会又编著出版了《龙腾虎跃》一书。虎安拳得到较好的传承与宣传，为龙湾区“浙江南拳之乡”的发展做出重要贡献。（撰稿：陈贤宝 / 图片：虎安拳协会）

2010 年虎安拳协会拳师参加浙江省首届体育大会表演棒法

老鼠嫁囡

02

乐清市
2008 年列入第二批温州市非物质文化遗产代表性项目名录

《老鼠嫁囡》演出（一）

《老鼠嫁囡》演出（二）

乐清市位于浙江省东南部沿海，东临乐清湾，南临瓯江，建县于东晋宁康二年（374），历史悠久，人文荟萃，民间文化源远流长。其中，乐清市蒲岐镇的民间民俗游艺节目，是乐清乃至全省一绝。

古老的吴越民俗遗存、浓郁的海洋文化气息和鲜明的商贸文化特色构成了瓯江流域民俗文化三要素。蒲岐的笑戏《老鼠嫁囡》产生于明代，至今已有 600 多年的历史。它的形成与发展，紧紧依托当地的民俗文化，不仅具有深厚的地域文化内涵，更有其独特的表现形式。

《老鼠嫁囡》，表演时间是每年元宵节或九月会市。演员扮作一大群花花绿绿的上街老鼠，大模大样。坐在轿中扮老鼠新娘的竟是上了年纪的男人，戴着鼠面具被其他老鼠演员抬着，东摇西晃地在街上冲冲撞撞。老鼠新娘一路上作老人声哭嫁，哭的话语引人发笑："命苦啊，兄弟年大，爹娘岁小，放心不下呀！媒婆真害人，骗我说新郎一表人才，今日一看，只有三寸半……"一边哭一边擤涕泪。涕泪是杂有砻糠的番薯粉糊，一大盆、一大桶地放在轿中，专向观众热闹、密集处乱甩。围观者边躲避边追看。

新郎是矮小子扮的，嘴里叼着长烟杆，手里挎着铜火炉，跷着二郎腿，故作高腔劝说："别哭了，我家富得很，有花生十粒，大米十盒，番薯丝十根……"

媒婆边走边扭，高声相劝："这样的好人家哪里找！地洞三进，洞房不漏水，上等树叶做的眠床……"

抬嫁妆的老鼠，步伐刚健有劲。其中，挑脸盆架的老鼠进三步，回过头来退两步，扭着腰身半行半舞。抬尿盒的老鼠一步一蹦，配合情景制造气氛。这种场面，让老老少少捧腹大笑。

不管是节目中的表演技巧，还是服装设计、道具搭配，都有独特的艺术特色和艺术风格。

笑戏《老鼠嫁囡》是蒲岐人独创的游艺，已成当地的传统保留节目，也是乐清的文化遗产。（撰稿：乐清市文化遗产保护中心 / 图片：徐昊川）

《老鼠嫁囡》演出（三）

《老鼠嫁囡》演出（四）

飞熊拳法

03

平阳县
2016 年列入第十批温州市非物质文化遗产代表性项目名录

传授飞熊拳套路

飞熊拳虽是南拳，但具有少林拳的特征，是南拳中比较优秀的拳种，属浙南地区独有，系一种独特的将个人与群体组合的攻防拳法和技击技术。此套拳术把黑熊扑食的打斗动作和原有拳术相结合，按照人体基本功能以及特有身体技能编排，从而形成了刚劲稳健、步稳势烈、出击迅猛、具有健身和实战意义的传统套路。这套拳法以平阳县萧江镇包岙村为中心，以特有的传承方式流传在浙南地区。

飞熊拳由徐飞熊始创，后人称“南少林飞熊罗汉拳”，简称“飞熊拳”，又称“飞洪拳”，至今已有 800 多年历史。明朝万历年间飞熊拳传人徐祖来路过鳌埠（现为麻步镇），平山贼后定居鳌江，将其传于后人。直到清朝中期包岙徐天镜才将拳术公开向外传授，传人王顺鲍又将拳术传授于王运铸等，再传于王孝基、谢孝光、程志洲等多人。几十年来，在王运铸的亲自指导下，王孝基、谢孝光、程志州等拳师在原有拳术的基础上巩固和完善了飞熊拳，并以中青年为传承主体，以健身为目的进行创新发展。

飞熊拳传人于 2016 年参加浙江省第二届体育社团运动会南拳比赛并获得银牌，2017 年参加全国传统武术交流大赛并获得金牌，2020 年参加长三角地区武术大赛并荣获非遗项目（飞熊拳）展示展演金奖。

飞熊拳姿势优美，动作紧凑，男女老少均可学习，深受武术爱好人士的喜爱，并且对强身健体、祛病延年具有一定功效。（撰稿：王大岳 / 图片：平阳县非遗保护中心）

向萧振高级中学学生传授飞熊拳术

传授飞熊拳术

三魁打狮

04

泰顺县
2009 年列入第三批温州市非物质文化遗产代表性项目名录

狮子采青

逗狮

中国古代并无狮子，其形象很可能随着佛教文化一起传入中国，是威勇与吉祥的象征，因此相比于老虎，狮子在我国古代更具神秘色彩。舞狮兴起于汉代，成熟于唐代，是唐代宫廷舞蹈表演的一种，后代舞狮走入民间，在驱除疫鬼的同时，又增加了送福、祈福任务。

“三魁打狮”是在舞狮的基础上，加上武术、杂技等动作来表现情感的一种民间舞狮艺术，主要流行于三魁镇的刘宅及东溪乡的蔡宅底一带。每逢元宵佳节或集会庆典，三魁、东溪等地民间都以打狮活动来驱邪助兴。其基本动作有扑、跌、翻、滚、爬、蹲、退、跳跃、挠痒等，配上艺人柔顺、灵巧和轻盈的步法，狮子的喜、怒、哀、乐等情感被表现得惟妙惟肖。喜——

三魁打狮表演

狮子为了采青，不惜千辛万苦，排除万难，当采得青时，喜形于色；怒——狮子遇到物体阻挡或外物骚扰，便会愤怒；哀——狮子遇到困难，未能解决，便会显露哀伤；乐——狮子在木桩上自由跳跃，落脚抓水，尽显快乐神态。

截至 2021 年，蔡德来、刘张宗先后被评为该项目市级代表性传承人。（撰稿：季海波 / 图片：季海波 鲍厚济）

刘宅打狮队在三魁百家宴现场演出

第六章 陸 传统美术

温州漆画（镶嵌漆画）
虹桥谷龙
竹丝绣帘
永嘉木雕
瑞安牛角雕
瑞安油泥塑
文成建筑木雕
钩绣
温州彩泥塑（泰顺彩泥塑）
竹雕

温州漆画（镶嵌漆画）

01

龙湾区

2008 年列入第二批温州市非物质文化遗产代表性项目名录

《长坂坡》

《神话》

中国漆艺历史悠久。温州漆艺自宋代始，即以其精湛的髹饰工艺赢得了“天下第一”的美誉，画种包括民间壁画、装饰画、镶嵌漆画、门神画、油漆画、描金画等，出现了项维仁、谢新宝、张国球等漆画名家。

龙湾历来就有很多民间传统漆画艺人，如清中晚期以来的陈岳定、陈志轩、何植金、姜瑞金、姚鹤湘、项崇贵等。民国以来，以姚鹤湘为代表，龙湾民间油漆匠师邵道深、李洪侮、李洪选等均系姚鹤湘一脉，传承有序。有人从事胶画，即用胶掺颜料作画，后以油漆掺颜料作画，称“油陶”，成为一大特色。1975 年，瑶溪人倪以定师从李洪选，在传统生漆、描金、堆筋、撒粉铺沙等传统技艺的基础上，加入改良的新材料，经过长期实践、摸索，开发出新的漆画技艺，即“镶嵌漆画”。2008 年，镶嵌漆画被确认为温州市第二批非物质文化遗产，列入“温州漆画”系列。

该技艺整合了镶嵌工艺和传统漆画工艺，在传统生漆、描金、堆筋、撒粉等传统技艺的基础上，加入新材料蛋壳、真金、银箔、石膏、树脂、色漆和用火翻炒的石英砂等。漆画家经过选材、上稿、堆线条、铺沙、贴蛋壳、贴金银箔、上颜色、上漆、磨光等十来道程序，创作出别致全新的漆画作品，丰富了传统漆画技艺。温州诗画既有在木板、墙壁上创作的平面作品，亦有立体作品，可用于居家装饰，也可以作为生活器皿、文创产品，易教易学。

镶嵌漆画画种新颖，源于传统漆画技艺而有所创新，色彩绚丽，装饰性强；艺术手法多样，立足传统而又丰富了技巧；材料易得，风格多样，题材广泛，寓意丰富，具有较高的历史、艺术、民俗、实用、收藏等方面的价值。

倪以定于 2010 年 6 月被确认为温州市非遗代表性传承人，2014 年获“温州市工艺美术大师”称号。他开办工艺美术室，进社区、各中小学，积极开展非遗传承、展演活动，受聘担任市级传承基地漆画兼职指导老师，执着于精品创作，专业水准高，作品曾被制成首届温州市工艺美术双年展展标背景，多次在全国、省级展赛中获奖。

龙湾区蒲州街道上江小学聘请倪以定为非遗导师，建立传承基地，培训了以黄映为代表的一批师资力量，开展以五年级学生为主要培养对象的教学、传承活动。学校编印镶嵌漆画基础体验教材，开辟漆画展示馆，成为市级非遗传承基地、区美术教师镶嵌漆画实践基地、龙湾区美协“综艺委”漆画创作实践基地。（撰稿：陈贤宝 / 图片：陈贤宝 项有松 陈建荣）

起稿上稿

堆线

贴蛋壳

铺沙

虹桥谷龙

02

乐清市
2009 年列入第三批温州市非物质文化遗产代表性项目名录

为祈求风调雨顺、五谷丰登，虹桥镇瑶岙村每年农历二月二都要在白马庙举行规模浩大的庙会，该民俗起源于明朝嘉靖年间。谷龙是瑶岙庙会民俗活动“排奠”中的祭品。

村民们用五谷杂粮铸制古代八仙、黑白谷龙、十景花团、斛状馒头架、五禽五兽等各种祭祀用品。铸成的古代八仙、黑白谷龙，祈愿来年风调雨顺、国泰民安；十景花团、斛状馒头架等盖食祈愿来年五谷丰收，“大囤满、小囤流”。举办庙会时要进行诣庙释奠、摆阵盖食的活动，村民将五谷铸成的祭品，先在值日堂家摆好，初二日早上隆重移杠入庙排设，俗称“排奠”。谷龙在“排奠”中最有特色，是首行祭品。从堂家移杠入庙之时，“谷龙”由预先组织好的队伍抬着在街上巡游，只见谷龙昂首欲飞，栩栩如生，“谷龙”巡游所经之处，人山人海。

为了制作谷龙，村民往往要在前一年秋收时选好粗壮、饱满、圆粒的糯谷稻穗，挂在屋檐高处晾干，待来年使用。谷龙内身是由桑皮纸制成的框架，内有蜡烛，前后由备好的蒙毛糯谷细心地一颗一颗粘贴而成。谷龙身长30—

谷龙制作过程

谷龙（一）

谷龙（二）

40 厘米，直径 6—8 厘米，没有固定的形状，所需糯谷大约两千颗。谷龙铸制充分表现出民间彩制工艺、民间美术和民间技艺的特色，也体现了当地民俗风情和传统文化气息，具有一定的历史文化价值。

谷龙铸制历史悠久，距今已有 400 多年，至民国三十七年（1948）停止。2007 年，瑶岙南北村老年协会倡导复苏庙会，得到两村双委支持，时隔 60 年，“二月二”民俗活动再次举办，谷龙铸制工艺重放光彩。谷龙传人朱岩北凭着幼年记忆，采用铝丝制作龙身，用电熨和蜡，把稻谷细心粘贴在龙身上，使谷龙貌似神合，栩栩如生。2009 年虹桥谷龙列入温州市非物质文化遗产名录，谷龙重发异彩、声闻遐迩。（撰稿、图片：乐清市文化遗产保护中心）

竹丝绣帘

03

乐清市
2011 年列入第五批温州市非物质文化遗产代表性项目名录

乐清竹丝绣帘起源于 20 世纪 60 年代，是柳市后西垟村吴包金老师傅独创的一门工艺美术。从 60 年代初至 80 年代末，竹丝绣帘盛行于乐清城乡，成为当时很畅销的一种工艺美术品，鼎盛期全市范围共有专业工厂十多家，从业人员一千多人，其中以柳市红星绣帘厂、湖头曙光绣帘厂和乐清工艺美术厂最为突出。乐清竹丝绣帘色彩鲜艳、形象逼真，尤其是翎毛动物，羽毛绣得栩栩如生，活灵活现。

竹丝绣帘——《报春图》

竹丝绣帘的生产过程较为复杂，必须经过好几道生产工序。首先是剖竹丝，将竹子每一节的第二、三、四层篾片（去掉竹青和竹黄）剖成细丝，再通过一道特制的小圆孔将竹丝拉成圆形。其次是打经条，将竹丝按织布的方法打好经条，安置在织机上。第三步开始编织竹帘，规格从 25 厘米宽开始，有 30 厘米、35 厘米、40 厘米、45 厘米、50 厘米、60 厘米等各种宽度，还有 80 厘米和 100 厘米宽的特制阔帘，由两根丝竹拼接编织而成却不露痕迹，需要高超的编织工艺。第四步是在编织成的竹帘上定好画面的位置，绘上所需图案，并在帘子上进行多种图案的刺绣，制成绣理细密、色彩鲜明的竹丝绣帘。第五步是将绣帘整理装订成挂轴。

乐清竹丝绣帘的表现题材品种繁多，不乏花鸟、山水、动物、人物等，但最为适合的还是花鸟和动物，因为动物翎羽和皮毛的结构跟刺绣的针法非常接近，尤其是熊猫、老虎、仙鹤等，栩栩如生，让人爱不释手。当时竹丝绣帘以其工艺精湛、经济实惠、雅俗共赏、携带方便的特点受到市场和顾客的青睐，畅销于北京、天津、上海、广州、杭州、桂林等城市，还出口到日本、美国、意大利和新加坡。

竹丝绣帘——《洛神》

乐清工艺美术厂是专门生产竹丝绣帘的企业，该厂一贯注重创作设计和产品质量，专门制定了各道工序的生产内控标准和一套完备的产品验收制度，逐渐使企业上了档次，产品上了等级。20 世纪 80 年代的竹丝绣帘产品曾一度辉煌，受到各方好评，还荣获过 1986 年度浙江省新、优、名、特产品“金鹰奖”，第三届“最佳温州货”奖和 1988 年农业部优质产品证书。刺绣的代表性传承人有陈晓洁、蔡建英、钱玲红、屠德凤等。20 世纪 90 年代后期，由于种种原因，乐清竹丝绣帘走了下坡路。由于工序烦琐，需要大量的人才和场地，所以至今没有恢复元气。

乐清竹丝绣帘由乐清艺人吴包金老人在温州画帘的基础上独创而成，是乐清工艺美术中的重要一员，与当地其他的姐妹艺术有着一脉相承的渊源，具有浓郁的民间特色，是乐清民间工艺美术中的一朵奇葩。（撰稿、图片：乐清市文化遗产保护中心）

永嘉木雕

04

永嘉县
2008 年列入第二批温州市非物质文化遗产代表性项目名录

叶小鹏《韵色莘莘》

高生顺《出塞曲》

永嘉木雕是浙江温州一种古老的传统雕刻艺术，秦汉时雕刻技艺趋于成熟，晋朝乌牛东蒙山道观的雕刻展示了宗教色彩，至隋唐开始逐渐传到民间，明清时期已达到很高水平，现存有许多明清古建、花窗、佛像等，熠熠生辉。永嘉木雕大多就地取材，采用杉木、黄杨木、香樟木、楠木、紫檀木、梨木等为原料，以清刀为技法，以线代面，面面俱到，讲究对称，得体严谨，刻画细致，形象逼真，富有装饰美感。永嘉木雕工艺流程包含构图、泥稿、选木材、打坯、细坯、修光、磨砂、修细、上蜡等。作品构思奇巧，造型新颖，雕工精致，虚中有实，静中有动，具有实用性、装饰艺术性和地方文化特征。永嘉木雕根植于民间，历经千年传承，伴随其他优秀传统工艺发展至今，凝聚着历代无数工匠的智慧和才能。全县上规模企业达 26 家，从业人员 3000 多人，永嘉木雕迎来空前兴盛发展。永嘉佛像木雕，于 2006 年被温州市人民政府认定为首批传统工艺美术品种和技艺。

2017 年，夏瑞分、叶小鹏、汪庆升、高生顺等永嘉工艺美术技术骨干，创建了占地约 26000 平方米的集工艺品创作展示、文化旅游购物于一体的永嘉工艺美术小微创业园。永嘉佛像木雕历史上以师带徒传承技艺。从业人员中，分别有 4 位市级非遗代表性传承人和 5 位县级非遗代表性传承人；中国工艺美术大师 1

人，“温州市工艺美术中青年杰出艺术家”5人，浙江省工艺美术优秀人才2人，浙江省工艺美术大师7人，温州市工艺美术大师13人。（撰稿：董小娥 / 图片：永嘉县工艺美术协会）

1. 构思泥塑

2. 敲坯定形

3. 实坯定格

4. 细修刻纹

5. 擦砂磨光

6. 打蜡上光

瑞安牛角雕

05

瑞安市
2014 年列入第八批温州市非物质文化遗产代表性项目名录

以牛、羊、鹿、犀牛等动物的角或蹄为原材料，雕刻成工艺品的雕刻艺术，就是角雕艺术。

角雕艺术巧借角料本身的色泽，利用角质硬中带软、弯而不折、薄则透明、细则柔韧等特点，以精雕细刻与反复抛光，创造出一件件富有地方民族特色的精美艺术品，寄寓着人们对美好生活的向往，反映不同时代人们的审美情趣、价值观念。瑞安角雕技艺主要以牛角为原材料，在湖岭潮至村一带流传。

瑞安牛角雕技艺以水牛角为主要原料，从木雕、石刻演变而来，运用圆雕、浮雕、镂空、镶嵌等传统雕刻技法，多由木雕、石雕手工艺人兼工。据有关资料记载，瑞安牛角雕的第一代、第二代传承人分别为苏尚贴和吴益水。第三代吴仕洪精通雕、塑、堆、画，在温州地区颇有名气。第四代陈光宇从 16 岁开始师从吴仕洪，并担任其助手。他精通木雕、石刻、根雕等技艺，并专门从事牛角雕的创作和研究，经过几十年不懈努力和刻苦钻研，练就了牛角雕的独特技艺。2021 年 5 月，陈光宇成为温州市非遗代表性传承人，他用牛角制作的花鸟、鱼虾、蟹、龙、凤和神话传说人物形神兼备、精致脱俗，深受国内客商的青睐，不少作品已销往北京、天津等地。

角雕作品《丹凰图》

牛角雕制作工具主要为平刀、圆凿、雕刀、电钻、电磨、电锯、抛光工具等。其制作流程烦琐，需经历取材、设计、绘画、锯坯、造型、打磨、抛光等众多工序。牛角雕有透雕、浮雕、阳刻等多种雕法，和其他木雕、石刻、根雕等雕刻艺术有相通之处。不过因牛角形状弯曲，牛角本身黑色、黄色、白色、条纹色等色彩的限制和影响，手工艺人只能因材施“雕”，发挥空间有限，不像木雕可以大展身手。

瑞安牛角雕技艺主要有以下几个制作流程。一是挑选牛角。雕刻者根据作品要求精心挑选牛角。瑞安角雕使用的水牛角质地坚硬细密，形状各有不同，长短不等，多在 10 厘米至 70 厘米之间，颜色以黑色为主，也有黄色、白色、条纹色，可以用以表达不同的主题特色。二是清洗消毒。选好牛角后，要进行清洗、消毒和晾干。三是构思。创作者利用牛角的形状、大小、厚薄情况和角质硬中带软、弯而不折、薄则透明、细则柔韧等特点进行构思。四是制坯，用电动工具打出轮廓，用雕刻机雕细坯。五是细刻打磨。使用科学配方进行去脂后再对牛角精雕细刻、打磨、抛光和打蜡，最后根据作品题材配底座。经过这些工序，一件牛角雕工艺美术品便完成了。

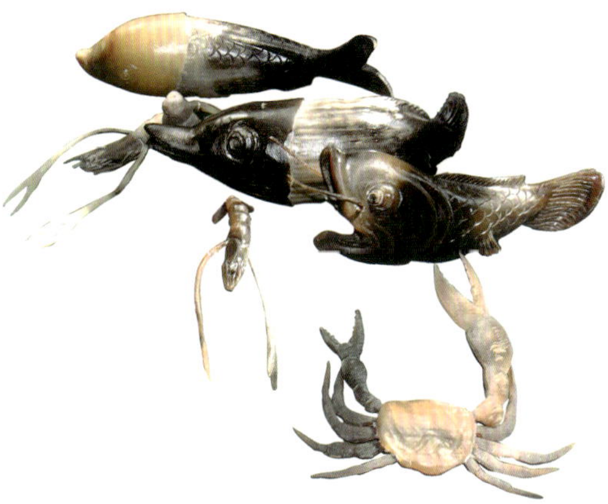

角雕作品《海底世界》

角雕作品《夏趣》

牛角雕雕刻的题材十分丰富，或为“一帆风顺”“松鹤延年”“龙凤呈祥”等吉祥图案，或为小说演义、神话传说、寓言故事等历史人物，或为飞禽走兽，或为植物花卉等。牛角雕有别于木雕、石刻和竹根雕，牛角的特性使得牛角雕工艺品经过打蜡等特殊工艺处理后，既保持牛角的天然色彩，又呈半透明的橙红色、黄色、白色、条纹色等，色泽鲜艳光亮，耀眼夺目，造型气韵生动，曲线优美，五彩缤纷，并且经久不变形、不变色，利于永久保存欣赏，具有独特性。瑞安角雕主要用作装饰用具、艺术品摆设器具等，在当代装饰领域具有十分独特的收藏装饰价值。

角雕入门难，学习周期长，难以开展产业化规模生产，加之 3D 打印等技术冲击，传统角雕传承困难，现在还在继续做角雕的师傅在瑞安乃至浙江也是凤毛麟角。瑞安牛角雕艺人陈光宇为传承保护这项技艺持续努力着，2008 年起创办牛角雕工作室，创新牛角雕技术并带徒授艺，积极参与非遗展示展演活动。瑞安的教育部门和中小学也非常支持这项技艺的传承。瑞安市湖岭潮基学校就曾聘请陈光宇担任初中段的雕刻社团雕刻老师，教授牛角雕。陈光宇和他的学生们在清静的工作室里，每天坚持创作新的角雕作品，用一件件玲珑剔透的牛角工艺品，向人们传达角雕的艺术美感，展示新时代的美好生活。（撰稿：江伟光 / 图片：瑞安市非遗保护中心）

瑞安油泥塑

06　瑞安市
2014 年列入第八批温州市非物质文化遗产代表性项目名录

油泥塑，由我国传统漆器艺术中的堆漆工艺发展演变而来，把浮雕与绘画艺术融于一体，是有着悠久历史的传统艺术，被誉为“东方彩色浮雕”。油泥塑色彩丰富，表现力强，逐渐成为一种应用广泛的装饰手段，广泛应用在佛像门神、拱廊壁画及民间嫁妆家具上，体现浓厚的民俗价值、艺术价值和收藏价值，又因装饰效果强，具有高度的实用价值。

两宋时，温州曾是传统漆艺的重镇，差不多温州城区四分之一的街坊都在做漆器。以漆灰堆出花纹的堆漆工艺在这一带颇为流行，民间俗称为“堆起门”。明清时，堆漆工艺开始广泛应用在佛像门神、拱廊壁画及民间嫁妆家具上，此后，堆漆工艺发展了“隐起描金”“隐起描漆”“隐起描油”三个品种。清朝末年，温州堆漆名艺人谢森宝将漆灰材料改成油灰材料，始称“油泥塑”。为区别于其他传统堆漆艺种，1959 年温州市人民政府正式将其命名为“瓯塑”。瓯塑以起源于瓯江流域而得名，为温州“四瓯”之一，浙江省著名的特色传统工艺品之一，与黄杨木雕、东阳木雕、青田石雕并称“浙江三雕一塑”。

瑞安油泥塑以父子、师徒的传承形式代代相承，瑞安人林淇涛是其中的代表人物之一。林淇涛创办瑞安油泥厂，一生创作无数，后传其子林鸿福，至其孙林瑞忠。林瑞忠自幼师从林淇涛，耳濡目染，后在国家级大师叶润周门下学习，又在中国美术学院进修多年，现为温州工艺美术大师，其创作的作品在各大展会上获奖不断，其门生在业界亦小有成就。另一传承人杨忠敏出身于工艺美术家庭，其传承谱系为：第一代杨汝春 1939 年入行，第二代传承人杨树林为杨汝春之子，第三代传承人杨忠华为杨树林之长子，杨忠敏为杨树林之次子。杨忠敏通过父辈相传和在学校、研究所专业学习工作，将古老的传统美术与现代艺术元素、文化创意有机结合，做出创新，作品有《桃李芬芳》《月色》《动漫》等。

油泥塑艺术经过长期的演变和创新，在技艺、技法、工艺材料、表现形式至题材内容等多方面都有了很大的突破和飞跃。它广泛吸取了中西雕塑、绘画艺术及现代艺术理念，对环境空间学、功能学、构图学、色彩学等学科的运用更为成熟。油泥塑制作工具有转盘、泥塑刀、敲棒、泥捶、马蹄子、生漆、麻布、刷子等，制作工序有 12 道，分别是设计、拷贝、配料、上底漆、捣泥、配色、堆起、装饰彩绘、贴金、镶嵌、罩漆、完善。制作者一般先根据设计需求，将白泥粉、铜油混合作为原料，利用 12 种颜色进行调色捣制后，再根据整体布局进行手工堆砌，最后进行局部的细节完善，全部完成后晾放半年为成品。题材内容上，除宗教、历史和民间传说外，更多的是描绘山水风光、名胜古迹等内容；表现形式上，扩宽到了挂屏、台屏、挂钟、小首饰、现代建筑浮雕、壁画、装饰图案及艺术挂件等领域。

油泥塑具有时代性，属于浮雕艺术，主要采用我国传统“纳光纳阴”浮雕技法，在与现代建筑环境的结合中，也吸收西方“按比例压缩”浮雕手法及高浮雕与低浮雕相结合的手法，更凸显强烈的时代气息，既是一种古老的艺术，也是一种脱颖而出的年轻艺种，艺人们可贵的大胆创新意识使油泥塑具有其他艺种所不及的强烈时代气息。油泥塑具有艺术性，与一般浮雕相比，它把雕塑、绘画两种不同特点的艺术有机地结合起来，明显的特色是借助色彩描绘光线的强弱、色调的冷暖和空间的深远，从而大大加强了画面的艺术感染力，具有构图自由、层次清晰、色彩明快、立体感强的特点。油泥塑凝聚着中华民族先辈的智慧、审美和理想，是中华民族的瑰宝。（撰稿：柯威 / 图片：瑞安市非遗保护中心）

传承人杨忠敏油泥塑作品

文成建筑木雕

07

文成县
2014 年列入第八批温州市非物质文化遗产代表性项目名录

建筑木雕，顾名思义，就是雕刻在木质建筑上的工艺美术作品，起到装饰美化建筑物的作用，具有极高的艺术性。文成全境皆有木质建筑分布，特别是一些古老的乡村，几乎随处可见建筑木雕工艺。

文成建筑木雕工艺，主要源自金华一带，早年，许多文成木雕艺人曾去金华一带学艺，有一些建筑甚至直接请金华艺人雕刻。同时，由于移民，雕刻技艺也受到福建一带的影响，如黄坦一带的一些古民居，无论是在建筑风格上还是在雕刻技法上都与闽北十分相近。文成的建筑木雕工艺虽然同时融合了金华和福建两地的特征，但是大体上与传统的木雕工艺并无二致。

建筑木雕一般分为大木雕刻和小木雕刻两类。大木雕刻主要是指梁、坊、斗拱等构件上的装饰雕刻；小木雕刻则是指包括家具在内的细木工装饰雕刻。传统雕刻以木为材，强调构架的组合方式，使每一个部位都能成为雕刻的场所。无论是梁、坊、柱等大构件，还是天棚、栏杆、门廊等，甚至门簪、牙子等小部件，都有雕刻装饰。

建筑木雕的图案刻画细致、造型别致、内容丰富，是中国古典元素的万花筒。主要有以下几个类别：一是吉祥图案，如吉庆有余、五谷丰登、平安如意、松鹤延年等；二是戏曲人

传承人胡炯平师傅正在为传统木构建筑雕刻构件

在粗坯的基础上精雕细琢

民间钩绣多使用天然、环保的材料织绣，常见线材除毛线外，还可以是粗细不等的塑胶绳、尼龙线，甚至是一些贵重的金属线。常用图案有花鸟、鱼蝶、瓜果、蔬菜等，都是日常生活中随处可见的。

钩绣品其实是由无数个小环组成的。制作者透过钩针将线打活结，充作一环，接着将钩子从第一环穿入，钩头钩线，钩出另外一环，反反复复，就逐渐组成了一排线串，到最后一排仅剩一个活动环串在钩针上了。新的一排再返回勾在旧的一排上，于是线串上的环，被钩出无数排后，就形成了一片钩针绣片。制作者再根据样式需要，将各部分绣片，加上装饰，组合起来。（撰稿、图片：苍南县非遗保护中心）

传承人唐淑娇展示钩绣

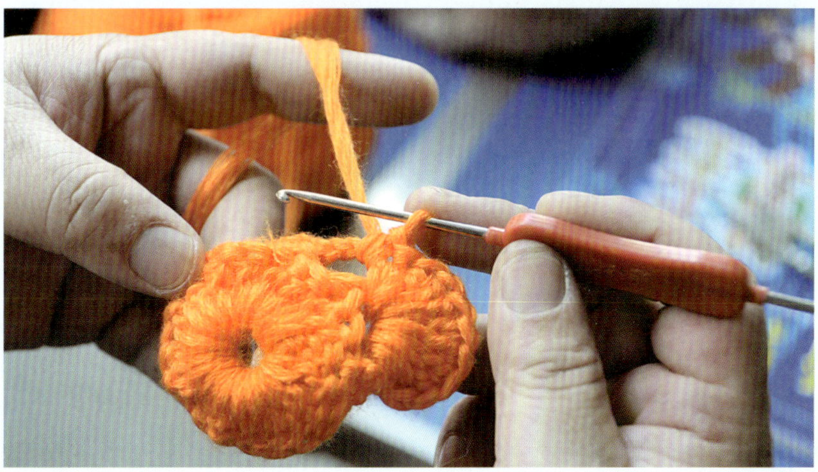

钩绣针法

温州彩泥塑（泰顺彩泥塑）

09

泰顺县
2010 年列入第二批温州市非物质文化遗产代表性项目名录扩展项目

泰顺彩泥塑是指以神佛为塑造对象，以黏土为主要材料，并施以绘画的大型彩塑。泰顺自古道教、佛教盛行，寺庙道观林立，因此泥塑彩绘技艺经久不衰。

扎身架是制作泥塑的第一步，以较粗木料为主柱，根据人像姿态，钉上木条或板片，扎出大体的轮廓。接下来是塑形，在身架上敷一层掺稻草的粗泥，捏塑出大体的形态和衣纹等，

以神佛为主题的大型彩塑

传承人齐晓东在创作泥彩塑作品《牧童骑牛》

待稍干燥后，再敷上掺有适量糠灰、棉花、棉纸的细泥，塑造人像面部的表情、服饰等。待细泥干透后，反复将泥塑表面的裂缝糊合，再打磨，直至平滑光洁。接着，在干燥后的泥塑上，通体裱贴一层皮纸，再刷一层以明矾和牛皮胶制成的矾胶水，以防止颜色渗透。

工人打磨泥塑

最后一道工序是彩绘。彩绘通常有两种：一是贴金彩绘，即除面部、四肢外，先在泥塑上刷一层生漆，待漆九成干时，依次贴上金箔，然后在面部、四肢和发髻等部位施以彩绘，描绘五官，最后通体罩一层清漆；二是全彩绘，即先在泥塑上刷一层铅粉，接着描绘面部、四肢的肉色，然后由头到脚，由浅入深地依次上色。在整体色彩描绘完毕后，再描绘五官和装饰纹样，最后通体罩上一层清漆。传统的拨金彩锥法由于费工，较少使用。

传承人齐晓东在给泥塑人物彩绘上色

2020 年，泰顺县晓东雕塑工艺品有限公司入选该项目县级传承基地。2021 年，齐晓东被评为该项目市级代表性传承人。（撰稿：林宗义 鲍厚济 / 图片：李海波）

竹雕

10

泰顺县
2014 年列入第八批温州市非物质文化遗产代表性项目名录

泰顺境内多竹，因此自古以来除传统竹篾工艺外，也有灵巧的工匠使用竹子进行艺术创作。20 世纪 90 年代，竹里人罗祖华在完成石雕专业学业后开始从事竹雕行业。几十年来，他创作了大量的竹雕作品，代表作有《五百罗汉》《老子道德经》《箭筒》《兰亭序》《九龙柱》。《箭筒》被 2008 年北京奥运会选为特用工艺品；《五百罗汉》历时三年创作完成，长达 22 米、高 35 厘米，用 360 片竹片雕刻而成，包含 560 个人物、100 多个怪兽，形态各异，作者因此获得中国木（竹）雕 “金雕手” 称号。2012 年，

市级传承人罗祖华在构思作品

罗祖华的竹雕工具

罗祖华制作的竹雕作品

他投资500多万，引进新技术、新设备，在竹里乡建立集培训展示于一体的竹里馆。该馆拥有展品近千件，包括名家字画（竹雕）、浮雕、线刻、浅刻、竹排烫画、竹简、切割、镂空、木雕、竹根雕刻等120多个品种。

罗氏竹雕的技法主要有以下几种。圆雕，即立体雕，以文房器具和摆件为主，以竹根为主要材料。透雕，画面以外空白处镂空，具有很强的立体感，以香筒、笔筒为主，以竹筒为主要材料。浮雕，具有一定立体感的浮雕，以正面雕刻为主。高浮雕，不做镂空的具有相当立体感的浮雕。浅浮雕，以平面雕刻为主，略做有立体感的层次。留青雕，名皮雕，是皮雕中的凸刻法，将图文留于竹皮（青）上，其余铲去为底（地）。贴黄，又称“竹黄”“翻黄”等，其工艺为取竹筒内壁之黄色表层，翻转过来，经煮压、粘贴到木制胎骨上使其成器。

2014年，泰顺县飞龙竹雕厂入选该项目县级传承基地。2021年，罗祖华被评为该项目市级代表性传承人。（撰稿：林宗义 翁卿忠 / 图片：季海波）

罗祖华在创作竹雕作品

温州传统米酒酿造技艺（瑞安『蜜沉沉』酒酿造技艺）

莘塍五香干传统加工技艺

索面制作技艺

戏袍绣制技艺

传统红酒酿制技艺

温州麦芽糖制作技艺（文成黄坦糖）

温州素面手工制作技艺（龙川索面制作技艺）

文成糖金杏制作技艺

文成竹窨制茶技艺

黄汤茶制作技艺

平阳金氏鸡毫笔制作技艺

平阳酿醋技艺

五十丈粉干制作技艺

桥墩月饼制作技艺

肉燕制作技艺

传统绷鼓制作技艺

米粉干制作技艺

红曲传统制作技艺（乌衣红曲）

温州绿茶制作技艺（泰顺『三杯香』制作技艺）

温州小吃（泰顺婆饼）

温州手工制陶技艺（泰顺手工制陶技艺）

温州传统铜器制作技艺（泰顺铜艺）

温州竹编（泰顺竹编）

泰顺竹纸制作技艺

第七章 柒 传统技艺

张氏金银首饰制作技艺

永高鱼饼制作技艺

泽雅豆腐齑制作技艺

泽雅乌豆酒酿造技艺

水潭岩衣冻制作技艺

海蜇加工技艺

木渔船制造技艺

泥艋制作技艺

白象香糕制作技艺

翁垟鱼灯制作技艺

乐清酱油制作技艺

龙西上山面制作技艺

温州小吃（高阳馄饨制作技艺）

永嘉麦饼制作技艺

温州粉干手工制作技艺（永嘉沙岗粉干）

温州凉茶制作技艺（舒木茶制作技艺）

传统苦槠豆腐制作技艺

传统木槿洗发液制作技艺

传统造纸技艺（南屏纸制作技艺）

瑞安传统制糖技艺

张氏金银首饰制作技艺

01

鹿城区

2014 年列入第七批温州市非物质文化遗产代表性项目名录

高温喷枪熔化

市级传承人张德柱在捶打

温州手工作坊历史悠久，其中金银首饰加工工艺就是一个典型。金银首饰以熔、冶、敲、打、锉、刮、镶、嵌等诸多工艺制作而成，主要有项链、手镯、戒指、耳环、长命锁、八卦、铃铛、磨牙棒等民俗特色佩戴饰品，具有独特的地方文化和工艺特色。温州民俗，金、银、玉佩身有避邪镇灾之意。早在魏晋时期，温州民间就有佩戴金银首饰的习俗，宋代已很流行。温州的金银首饰纹饰精美，造型多样，具有较强的民俗艺术性和观赏性。

20 世纪 80 年代前，温州的金银器制作以民间艺人个体加工为主。1981 年，温州市工艺首饰厂成立，集中金银首饰艺人数十人，根据国家分配的金、银计划进行各种金银首饰的生产，同时也开展金银首饰的代加工业务。1985 年，该厂产值达 1185.50 万元，利润 94.81 万元。随着人民生活水平的不断提高，温州的“金店”“银楼”越开越多，金银首饰的制作也越来越注重个性化，首饰花样不断创新，市场需求旺盛。至 2008 年，温州首饰工艺品种更为丰富，有纯金银戒指、项链、耳环、手镯等，或金银镶有翡翠、珍珠等其他宝石的，造型有圆形、方形、棱形、长方形、多边形等。花式以传统的吉祥祝福图案为主，还有汉字“双喜”“福”“禄”“寿”等吉祥语图案纹饰。

金凤楼珠宝前身为张汉华楼，由创始人张增良创建于1912年，历经张毓标、张德柱、张奇晔三代传人传承和发展，至今已有101年的发展历史。民国初期，创始人张增良秉承东瓯首饰工艺特色，结合自身“货品如人品，不磨不成器”的理念，开创独具东瓯文化和工艺特色的“张氏五精久砺锻造工艺”。该工艺以精炼材质、精技锻造、精准控温、精巧雕刻、精细打磨、高标电镀而闻名，锻造的珠宝首饰质量上乘、色泽纯正、雅致温润、灵气天然、历久弥新，素有“物美价廉，遐迩闻名”之美誉。金凤楼珠宝的“张氏五精久砺锻造工艺”历经四代101年家族式传承得以保留和发展，集温州首饰珠宝加工工艺之大成，是目前温州市唯一一家具备百年工艺传承历史，并能体现温州首饰珠宝工艺特色的历史性手工作坊技艺。金凤楼珠宝2012年被浙江省商务局认定为“浙江中华老字号”。

目前机械化生产的金银珠宝首饰加工，导致温州具有历史民俗工艺特色的首饰手工加工技艺逐渐失传。作为瓯越之地的传统首饰手工工艺，温州金银首饰制作技艺亟须得到保护和传承。（撰稿：许博 郑文燕／图片：鹿城区非遗保护中心）

雕刻样式

永高鱼饼制作技艺

02

瓯海区
2014 年列入第七批温州市非物质文化遗产代表性项目名录

鱼饼

永高鱼饼制作技艺，始于民国初年。当时，汪瑞麟（字永高），自永嘉屿北来温州永嘉场谋生。永嘉场临海，鱼类资源丰富，汪瑞麟经多番琢磨后，选了新鲜上好的鮸鱼、鳗鱼、马鲛鱼，去骨，并将鱼肉与淀粉等杂糅在了一起，这便有了汪氏制作鱼饼的技艺，以“永高”为招牌的鱼饼便也问世了。后汪瑞麟一家移居温州城内，其子汪祥光在仓河巷开了家“汪字永高店”，专门以鱼饼为招牌美食，兼营敲鱼、鱼丸等鱼类熟食，由于用料精致，口感好，小店生意兴隆，永高鱼饼的字号也深得食客的认可；后又在仓桥街口靠菜场附近开了店。靠摸索和经验积累，汪家逐渐有了自己一整套的制作技艺。此后，汪祥光将鱼饼技艺传给儿子汪和钧，汪和钧又传子汪华盛，至今，汪家鱼饼制作技艺已传承到第四代。

汪和钧，出生于 1949 年，永高鱼饼第三代传承人。汪和钧自幼随父亲汪祥光学习鱼饼的制作工艺，成年后不断改进技艺，最终确定了永高鱼饼制作配方，于 20 世纪 90 年代创建了温州永高鱼饼有限公司，并率先制定了温州鱼饼的制作和生产标准，为鱼饼这种温州特色美食的传承发展和发扬光大做出了贡献。

汪华盛，出生于 1976 年，永高鱼饼第四代传人。汪华盛自幼受爷爷汪祥光和父亲汪和钧的影响，对制作鱼饼深有兴趣，在父亲的悉心指导下，很早就学会了鱼饼制作的全部工艺和配方。自 2006 年接班后，他大胆创新，在继承永高鱼饼传统配方的基础上，通过新的生产设备和工艺，实现了鱼饼从手工到机械加工的转变，使鱼饼的生产规范化和规模化。同时他也投入很大力量建设永高鱼饼的品牌，目前永高鱼饼在温州已经拥有很高的知名度和美誉度。汪华盛 2021 年被评为温州市第五批非遗项目代表性传承人。

汪家永高鱼饼的配方配料一直不变，延续着百余年原真的风味和特色。制作工艺流程，主要有择鱼、清洗、采肉，加入永高祖传配料后再搅拌、抛揉、捶敲、蒸煮等，以传统手工制作为主。手工中尤以捶敲为重，捶敲愈久，鱼肉韧性越好，且均匀不结团。汪家永高鱼饼制作技艺，体现在“鲜、坐、足”三字。“鲜”是材料选用的都是新鲜、上等的鮸鱼；“坐”是将做成的鱼糜放置一段时间，使之形成网状结构；“足”则是经过一定时间的自然处理，使鱼糜有了黏性和弹性，嚼之细嫩润滑，美味可口。闻名遐迩的汪家永高鱼饼，不仅是温州人最爱的特色产品之一，这几年走俏海内外，也为海外同胞所喜爱，是温州人逢年过节馈赠亲朋好友的上好礼品。

永高鱼饼先后在市区及乐清、瓯北、永强、瑞安、上塘等地开设专卖店 12 家，获得 2008 年瓯海区农业龙头企业、2008 年第三届中国（温州）特色农业博览会市民最喜爱十大品牌农产品、2010 年浙江省农业博览会优质产品金奖、2010 年第四届中国（温州）特色农业博览会优质产品金奖、2010 年度瓯海名牌、2011 年温州市“百龙工程”农业龙头企业、2012 年温州市第二届“温州名小吃、名特产”等。（撰稿、图片：瓯海区非遗保护中心）

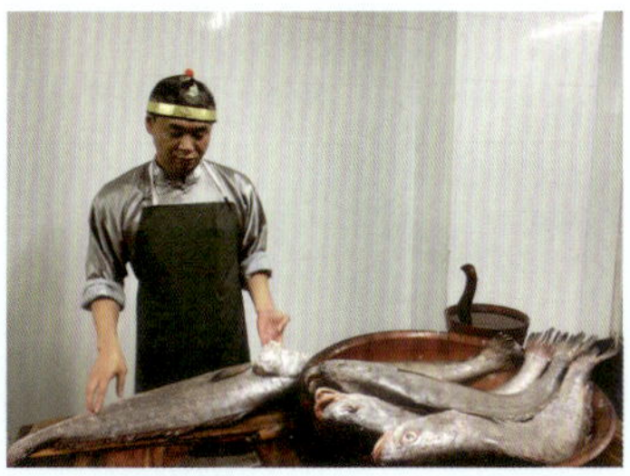

1. 选鱼

2. 去鳞片

3. 杀鱼

4. 切鱼肉

5. 拌料

6. 成型

7. 装笼蒸

8. 蒸鱼饼

9. 成品

泽雅豆腐鲞制作技艺

03

瓯海区
2014 年列入第八批温州市非物质文化遗产代表性项目名录

豆腐鲞自古以来就是泽雅一带有名的日常农家菜，在 20 世纪 70 年代前，泽雅山区每逢过年，家家户户都要做豆腐，用豆制品招待客人，因此，那时候，手工做豆腐的手艺几乎人人都会。做豆腐鲞是一项复杂而繁重的事。首先要磨黄豆，提前一天把黄豆放到木桶里用水浸透，第二天一大早起来磨豆，磨豆时，一人推石磨，一人添豆，磨好的黄豆便成了生的豆浆。其次是把磨好的豆浆舀进纱巾中，用清水洗出豆腐乳，然后滤掉豆腐渣。再次是把豆腐乳舀到大锅里烧开，点入盐卤，用棒子把豆腐乳跟盐卤拌均匀，豆花慢慢地形成了，待水清花白时，把豆花连水倒入干净备用的布袋里滤水，将布袋勒紧，用绳子扎住袋口，再压榨成一个大豆腐块，豆腐便做好了。最后是把豆腐加工成豆腐鲞。将豆腐用刀切成薄片备用，在铁锅里倒

豆腐鲞：把豆腐切成若干薄片，用食用油煎成焦黄即可

磨豆：先把大豆放在清水里浸泡，再放入石磨内，磨成豆浆

点卤水：把磨成的豆浆放入锅内煮开，然后将一定比例的卤水倒入，使豆浆结块，成豆腐脑

包豆腐：把豆腐脑倒入布袋扎紧，挤干水分

入食用油，烧烫，将薄薄的豆腐排在锅中煎至两面变黄。加工后的豆腐鲞，撒上少许食盐，吃起来美味可口。

随着生活水平的提高，泽雅人招待客人不再使用单一的豆制品，因此，传统的泽雅手工豆腐鲞工艺也逐渐被人们淡忘。近年来，随着泽雅休闲旅游业的发展，来品尝农家菜的游客不断增多，一些农家特产开始变得紧俏，其中豆腐鲞的需求量特别大，让当地农民看到了商机，不少人家重新做起了豆腐，于是，石桥村成了一个生产豆腐鲞的专业村。

传承人潘炳光是土生土长的泽雅镇石桥村人，从小就跟随父母亲做豆腐、挞豆腐。2000年他和儿子潘孙俊创建了温州信博食品有限公司，担任副厂长兼技术员，经过多年的研究，开发出豆腐鲞、嫩豆腐、豆腐泡、素鸡、五香干、豆腐干等产品，创立了“西雁一品”品牌，瓯海大部分农家乐的豆腐鲞来自他的公司。潘炳光2016年成为瓯海区第一批非遗项目代表性传承人。（撰稿、图片：瓯海区非遗保护中心）

泽雅乌豆酒酿造技艺

04

瓯海区

2014 年列入第八批温州市非物质文化遗产代表性项目名录

温州民间素有补品泡酒的做法，泽雅乌豆酒因品质优良，色纯深黑，味美可口，营养丰富，在温州深受百姓的喜爱。因此“泽雅乌豆酒”成了泽雅土特产的代名词。

泽雅酿制乌豆酒特别讲究原料的选择，酒是农家酿黄酒，乌豆为农家种的优质乌豆。现在人们生活水平提高，对酒的口感和营养有了更高的要求，对配料选择有了更多的讲究，除了传统的乌豆外，还增加了桂圆、红枣、冰糖、芝麻等十来种配料。

泽雅乌豆酒的做法是：用家酿酒加乌豆等配料密封浸泡 1 个月，即可饮用。其主要工序有：1. 用小火把适量的黑豆炒熟。2. 把酒坛洗干净，在太阳下曝晒，摆在锅上面用蒸气消毒。

成品乌豆酒

炒乌豆

黄酒煮开倒入酒坛

3. 用小火煮开黄酒，倒入酒坛中。4. 把所需的配料放入酒坛中，50 千克黄酒加 2 千克左右乌豆密封浸泡。

泽雅乌豆酒酿制技艺独特，它除了有美味、营养价值高的特点外，还具有健脾肾、化瘀血、美容养颜之功效。泽雅乌豆酒是家庭宴客佳酿，不仅在国内畅销，还远销国外。（撰稿、图片：瓯海区非遗保护中心）

水潭岩衣冻制作技艺

05

龙湾区
2015 年列入第九批温州市非物质文化遗产代表性项目名录

胶冻是温州本地传统名小吃，初始采用鮸鱼、黄鱼等石首鱼类的鳔制成。自龙湾水潭李浦王氏开垦北策岛带回岩衣后，才有了岩衣胶冻。岩衣胶冻是老少咸宜的风味小吃，因其营养丰富、滑而不腻、冰滑劲爽、香甜可口、风味独特而声名远播，誉满温州，并赢得“海燕窝”的美誉。改革开放前，不仅水潭人以“兑胶冻”为业，龙湾区永中前街、殿前人也从水潭买岩衣煮岩衣冻，挑担走街串巷叫卖兑胶冻作为副业。

岩衣，学名“细毛石花菜”，又名洋菜（麒麟菜）、海东菜、狗毛菜、马毛、金燕藻、大菜丝等，属藻类海洋植物，我国沿海均有分布。因其生于岩石表面，水潭人形象地称呼其为“岩衣”。岩衣可入药，亦可蔬食。唐孟诜《食疗本草》、元李杲《食物本草》、清王士雄《随息居饮食谱》、清赵学敏《本草纲目拾遗》等都记载了海藻（石花菜）的营养价值与功用。

据《李浦王氏宗谱》记载，清顺治五年（1648），水潭王氏十余人驾舟来到荒无人烟的北策岛上安营扎寨，以垦荒捕鱼为业。每当落潮，北策岛住民就会候潮“捉岩头”，也称“扫岩”，也就是在礁岩上采集可以食用的海洋生物。岩衣就是水潭人在捉岩头时发现的。

岩衣生长的季节性比较强，每年的 5 月至 8 月为最佳采集时期，所以可以采岩衣的时间并不多。采集时，渔民用双腿将箧畚顶在礁石上，

在北策山海岩采岩衣（一）

在北策山海岩采岩衣（二）

淘洗岩衣

双手紧握筅帚使劲地刷礁石，一点点把岩衣刷到篾畚里。现如今岩衣数量逐年减少，越来越难采集到。当地认识岩衣、采过岩衣的人基本上都有 60 岁以上。岩衣采集是个辛苦活，忙活很久才可能采到一点，又极为危险，从前水潭村有多人因“捉岩头”失脚，落海丧命。

煎滤岩衣汤汁

冷却结冻

胶冻盛碗添料

水潭人从北策岛带回的岩衣，经过清洗、敲打、晒干后储藏。岩衣胶冻的加工过程并不复杂，但每一个步骤都很辛苦。其制作流程为：1. 洗净除杂。取晒干岩衣少许浸于水，浸泡 2—3 小时，反复用清水淘洗，岩衣涨开后捞出，整齐地平铺到案板上，不停敲打，可加少许精盐揉搓，再放入水中用手反复搓洗，涤净泥沙，清除尘杂。“掸尽尘杂蕴清朗，不让尘埃掩芳华。”2. 文火熬制。将洗净的岩衣放在锅炉里，大火烧开，文火熬制，一锅需要半个多小时；要熬至稀稠适当，一般 1 两干岩衣需要 10 斤水，水要清净的山水，不可用河水或井水；用大火烧开后，改用小火煮 3 小时左右，至岩衣融化。3. 过滤沉淀。用苎布滤过杂质，沉淀纯浆，在木盆里冷却即成岩衣胶冻。4. 冰清结冻。经过过滤沉淀、去芜存菁，纯浆在自然状态下结冻，晶莹剔透、光滑如镜，在阳光下熠熠生辉。

岩衣胶冻可以咸吃也可以甜吃。传统的吃法是将胶冻盛于小汤碗内，放几粒枸杞子或梅花瓣点缀一下，也可以加点薄荷水、黑芝麻。如果要甜吃，则放入糖、牛奶、果子露，还可与水果、甜梅干、松子、葡萄干等一起食用，既好看又好吃。如果是要吃咸的，可以加入麻油、酱油，撒上香葱，又是另一番风味。岩衣冻还是传统醒酒名菜。岩衣冻具有补益肝肾、清肺热、泻肺火的功效，可以起到消渴的作用。

2020 年 9 月 27 日，中央电视台摄制组赴北策岛拍摄岩衣采撷，到龙湾永兴街道水潭村拍岩衣胶冻制作。节目于 2021 年年初在央视 CCTV-10 科教频道《探索 · 发现》栏目播出。（撰稿：陈贤宝 / 图片：龙湾区文广旅体局文遗科）

海蜇加工技艺

06

洞头区

2014 年列入第八批温州市非物质文化遗产代表性项目名录

海蜇，温州方言叫“藏鱼”，又写作“鲊鱼”；闽南方言称“虫宅”“海虫宅”。以前，洞头洋海蜇年年旺发，有“三八水汪汪，藏鱼如砻糠”之说，大旺发时，海蜇在渔场、近海、港湾到处浮游，捕捉非常容易。俗话说“物以稀为贵”，以多为贱，海蜇多了，价格就便宜，加上它既容易加工，又便于贮藏，因此，它便成了海岛贫苦渔民餐桌上的家常菜了。

洞头洋的海蜇生产历史悠久，很早就形成全国闻名的集生产、加工、销售为一体的海蜇市场，南北海蜇商船云集三盘港，由海蜇行牵头，渔民将加工成的初矾海蜇与船商进行交易。清代诗人王步霄专为洞头写过《海蜇诗》：“美利东南甲玉川，贩夫坐贾各争先。南商云集帆樯满，泊遍秋江海蜇船。”当时洞头海蜇生产、加工和外来商船购买、运输的盛况可见一斑。新中国成立后，海蜇经营权归水产公司所有，渔民打捞来的海蜇经初矾加工后，统一由水产公司收购，再由水产公司组织加工成成品。洞头的海蜇有味鲜、色泽纯净、口感爽脆的特点，是本县的拳头产品，当时，“三盘三矾海蜇提干”的品牌，闻名国内外。由洞头水产公司加工出来的海蜇，除销往全国各地外，还出口日本等国。

海蜇加工要经过三矾，即初矾、二矾、三矾。一般初矾都由渔民进行。负责海蜇初矾加工的船只叫“舨艚”，渔民把捞上来的海蜇，集中到“舨艚”上。“舨艚”人员加工海蜇的第一道工序，是先用竹制的海蜇刀将海蜇白和海蜇头分离，再将连在海蜇白上的中段（俗称“藏鱼墩”）劈下，取出里面的“藏鱼花”，藏鱼花即繁殖小海蜇的卵，可食用。然后用竹制的“海蜇刮”刮去海蜇白上的“藏鱼乌”。“藏鱼乌”，也叫“藏鱼血”，长满海蜇白里层周围的一圈，烧熟后可鲜吃或晒干吃，营养好，价格较贵。第二道工序是将加工处理后的海蜇白，用海水冲洗干净，分层放入船舱，撒上明矾粉；将海蜇头堆积在一起，让它们升高温度进行发酵，脱掉海蜇毛及黏糊状的附着物，然后冲洗干净，用明矾粉在另一船舱腌制。

渔民一般只进行海蜇的初矾加工，然后按个数卖给商人或水产公司，由买方再进行二、三矾加工。以新中国成立后水产公司的海蜇加工场为例，将初矾海蜇进行二矾加工时，腌料的盐、矾要按比例搭配，腌制容器是用木板箍成的大圆桶，每个桶的容量约三吨；腌制方法也是头、白分开，摆放一层海蜇，撒上一层腌料。进行三矾加工前，先将二矾海蜇的水分沥掉，腌料也是盐、矾搭配，矾粉比例比二矾少。三矾加工时，腌制海蜇头和海蜇白的方法有所不同。海蜇头要一只只分开均匀拌上腌料，然后放入大桶内；海蜇白要一张张平铺桶内，每铺一张，均匀地抹上一层腌料。最后一道工序

海蜇初矾、二矾、三矾加工过程

海蜇加工前

工人将一张张海蜇堆叠起来沥干水分，为后续加工做准备

海蜇加工后的成品

是专对海蜇白的，将三矾后的海蜇白，一张张堆叠起来沥干水分，用网衣擦净“藏鱼乌”残留的黑斑点。这样加工出来的海蜇白成赤白色，含水分少，外表干燥，叫“三矾提干”，可以按干品要求进行包装。海蜇在加工过程中，不能接触鱼腥，包括鱼虾本身及鱼虾腌制出来的卤汁，如果粘上鱼腥物，海蜇就会腐烂变质，当地渔民戏称海蜇是“自己最脏，又嫌人家脏”。另一注意事项是，加工过程中，海蜇白与海蜇头要严格分离，保持海蜇白无斑无杂色，提高经济效益。（撰稿：陈爱琴 洪晨 卓桂枝 / 图片：洞头区非遗保护中心）

木渔船制造技艺

07

洞头区

2014 年列入第八批温州市非物质文化遗产代表性项目名录

洞头地处瓯江口外，是我国 14 个海岛区（县）之一，也是温州唯一的海岛区，拥有大小岛屿 302 个。

唐宋以前，洞头便有渔业生产，到明清有较大的发展。船的修造工业在洞头发展较早，始于南宋。清末民初只能造 20 吨以下的木质船。民国二十五年（1936）八月，大门潭头造船工厂曾为仁前途村南光亮造出 1 艘 65 吨位的“金三利”号木质运输船。1952 年，洞头乡 20 多名个体船舶修造工匠率先联合成立了造船合作小组。1954 年，洞头、北沙、大门各乡先后成立了造船合作社。1957 年县政府派干部，对洞头、北沙造船厂进行整顿，合并为联合造船合作社。1958 年，经温州专署批准，洞头建地方国营洞头县造船厂。

制造木渔船需设计好造船图纸，计算需要购买的各种木材。造船要选时辰，拜海神、祖先，点烛烧香。“立浅”时要放鞭炮。“浅”，也叫龙骨，如同人的脊梁骨，用樟木或进口木制造龙骨上排放横木并固定。先后安装龙头根、龙须、尾座、船舷板等各个部位，钉船眼需举行仪式。

木渔船制造技艺的基本特色表现为：船底到船舷全部刷成雪白，只有船首和船尾处涂少许红色，所以民谣有“新造白底头尾红，摇橹架桨驶布篷（帆）”之说。渔船长久用作海上作业，船底部浸在海水中，时间一长，船底会

木渔船制造现场

木渔船模型展示

长水苔、藤壶、牡蛎，还会有船蛆乘机钻入船板，这样一来，不仅船速减慢，船板也容易腐烂。渔民除了用火烤船外，还用蛎灰把船刷白，使船蛆和水生物难以附生，“白底船”的雅号由此而来。

海岛人从事海上生产，离不开船。船不仅是海岛渔民用来获取物质的工具，也是生命的依托。海为田、船为家，渔民把生命、前途和船紧紧连在一起。但海洋资源日益衰竭，渔民纷纷转产转业。五岛相连，岛际交通以车代船。随着就业门路增多，现已很少见到青年人学造船这门手艺了。（撰稿：卓桂枝 陈爱琴 陈献英 洪晨 / 图片：洞头区非遗保护中心 吕褚彬）

木渔船制造过程

木渔船制造雏形

洞头造船厂现场

泥艋制作技艺

08

洞头区

2014 年列入第八批温州市非物质文化遗产代表性项目名录

踩泥艋作业现场

洞头的住民世代以海为田，把在海上作业叫作“讨海”。讨海最重要的渔具是船，其中，泥艋船是洞头渔民使用较为普遍的一种渔船。“踩泥艋”为洞头的八大巧之一，这种长五尺（约 167 厘米）、宽一尺（约 33 厘米）的泥艋船具有灵、巧、快的特点，能更好地帮助渔民在滩涂上采摘紫菜、捕蟹捉虾，俗称“滩涂自行车”，是洞头渔民海上作业的好帮手。

洞头区滩涂趣味运动会踩泥艋比赛

泥艋船制作过程

泥艋船成品展示

长期以来，岛民在海涂捉泥螺、弹跳鱼、小蟹等作为菜肴。由于海涂不好行走，20 世纪 50 年代初，人们根据需要创造出一种约 33 厘米长、25 厘米宽的，中间安有手柄的微型涂撬，即“泥艋船”。20 世纪 60 年代，霓屿岛在全区率先引进坛紫菜养殖，在海涂生产的人多了起来，泥艋船随之也多了起来；20 世纪 70 年代末期，霓屿乡大面积推广紫菜养殖，随着紫菜产量的提高，要想把紫菜运上岸就需要泥艋船，霓屿养殖专业户一般一户拥有 2—3 只泥艋船，分大、中型两种。

制作泥艋船需先将两块大木板与两块允组合成两块竖板（竖板底部要制作成像龙船一样，前端稍微向上翘，这样泥艋船底板以最小的面积与海涂接触，行驶才快）。再将两块竖板与前额板、中额板、后额板用钉子固定成泥艋船框架。然后将 10 支木板，按技术要求制成弧形作为泥艋船的垫底弓，并按 10 等分固定在竖板上。接着将 20 支竖栏，固定在 10 支垫底弓的两端并与竖板固定，并将 3 条木板用榫刨推成半爿榫，再将其整合成一整块，固定在泥艋船的框架底部作涂撬的底板。后在中额板凿两个孔，将两根管形木条安上，再在上端安上横柄。泥艋船的缝隙用桐油灰抹上以防漏水，最后用蓝色油漆涂上。（撰稿：洪晨 卓桂枝 陈献英 / 图片：洞头区非遗保护中心 陈献英）

白象香糕制作技艺

09

乐清市
2008 年列入第二批温州市非物质文化遗产代表性项目名录

白象香糕，俗称“板糕”，有“状元糕”之称，是庆诞喜礼中的吉祥贺品。其因香气扑鼻，甜而不腻，糯而不粘，酥软爽口，充饥可解喉疾，解馋可助胃力而闻名遐迩，是温州地区著名的传统糕点。

白象香糕的原料主要是糯米粉、白糖、橘饼、芝麻、饴糖和少量食盐。制作时，先将糯米炒成爆花状，然后磨成细粉，并将适量白糖在锅里熔化，冷却后搅拌均匀成棉花状（有杀菌效果），将洗净碾成粉末状的芝麻、切碎的橘饼，以及皮粉、芯粉、饴糖、桂花、蜂蜜、食用盐、适量中草药香料（秘方）等按比例搭配搅拌均匀后一起放在竹筛里，在大镬中蒸熟，放在模具中成型。一块香糕共分三层，蒸炊时先将糯米粉放在框及周围，中间放入各种配料调制成内馅，撒粉铺平，上面加标记印，用刀片切成小块，上笼蒸熟即可。

北白象镇公记南货糕饼商店和公久南货糕饼商店是著名的香糕生产和批零坊铺，有百年的历史。公记南货糕饼商店开设在西大街 6 号，1928 年遭火灾焚毁，1931 年恢复营业，1942 年店面又被日军焚毁，重建后的公记南货店除

白象香糕成品

压制（一）

压制（二）

印花

切割

门市部外，还设有糕饼工场、蜡烛工场、蜜饯工场。其中糕饼工场以生产香糕为主，冠名“公记香糕”，选用上乘原料、配方与工艺流程，如优质糯米粉、白糖，并根据春、夏、秋、冬四季气候变化，掌握粉性燥湿老嫩，使出品的香糕具有甜而不腻、糯而不粘、口味纯正、香软可口的特点，是当地知名特产，畅销全国各地。公久南货糕饼商店，原开设在南大街中段，坐东朝西，1936 年改称“公久祥记”南货商号，公推王星宣为经理，从南大街迁移到东街口 5 号，坐北朝南的四间店面新建楼房（即现在供销社棉百店址），除了门市部外，还建有糕饼工场、蜡烛工场、蜜饯工场，产品以“公久”牌香糕为主。特别是白象香糕首创人王宏昌成为股东兼技师后，亲自深入工场，现场操作指挥，精心研制，改进工艺和原料。因此，公久祥记南货糕饼商店和“公久香糕”的品牌后来居上，和公记南货糕饼商店在新中国成立前后的市场上同样享有盛誉，公久祥记南货糕饼商店和公记南货糕饼商店公私合营时都并入白象供销社，生产的板糕在香味、质量诸方面遥遥领先，被命名为“公记”香糕。商贩们都是挑着担在各条大街小巷叫卖。

白象香糕在 1992—1999 年获得浙江省知名传统食品“金鹰奖”和中外名优食品博览会“金奖”，被冠以“最佳温州货”称号。近些年第三代传承人王兆光、第四代传承人王策注册公久牌香糕，在保持传统工艺技术和配料制作的基础上，将原来用草纸装的大包改为盒装，极具地方特色。产品畅销于浙南各地市场，特别是温州及其所属的乐清、永嘉、瑞安、平阳、泰顺五县，还远销上海、香港。不少华侨还带往国外，作为孩子一周岁生日的吉祥礼物“状元糕”，分赠邻居、亲友。（撰稿：乐清市文化遗产保护中心 / 图片：徐小悬　禹昊川）

翁垟鱼灯制作技艺

10

乐清市
2015 年列入第九批温州市非物质文化遗产代表性项目名录

翁垟鱼灯

舞鱼灯起源于原始社会的鱼图腾舞蹈。东汉张衡《西京赋》中就有鱼化龙、龙化鱼的生动记载。而舞鱼灯的习俗在乐清翁垟一带兴起据说在明清时期，距今约 300 年历史。

乐清市翁垟镇一带的河西村、地团村、三屿村、前桥村等都制作鱼灯，但以河西村的鱼灯最具有代表性。翁垟濒临东海，以前很多渔民世代耕海、赶潮、牧渔。对渔民来说，风调雨顺、鱼蟹满舱就是好年景，就是喜庆年岁。鱼与“年年有余”“富足有余”的“余”字谐音，故“鱼”便在百姓心目中成了幸福、美满、吉祥的象征。舞鱼灯活动托物寓意，寄托着广大渔民对美好生活的向往和愿望，表现了渔民丰收喜庆的满足心理。为祈求太平年丰，人们仿照海里的鱼类制作鱼灯并翩翩起舞。鱼灯制作是翁垟最具特色的民间传统技艺。

翁垟鱼灯形式多样，分两大类：一是以兽面、兽头和鱼身、鱼尾相组合，人们一直以来称之为“神鱼”，有金龙、银龙、凤鱼（必须有一只凤鱼灯，以象征龙凤呈祥）、豹头、狮头、象头、犀牛、麒麟、鹿头、驴头、青蛙、水牛头共 12 盏灯，俗称“十二化龙”。二是以海中鱼类为样本，制作的鱼灯以形似为主，有金龙、银龙、龙头鱼（以象征鲤鱼跃龙门）、鲳鱼、黑鱼、石斑鱼等。两类鱼灯必须以金龙为首，银龙为尾，中间的各种鱼灯有时会相互混合。传统的翁垟鱼灯均为篾扎纸糊，绘以彩色，饰以红花，装扮鱼鳞（以彩纸剪出鱼鳞的形状，并折叠出纹路），内点蜡烛，鱼身形象清晰美观，并逐步发展成今天的篾扎骨架、绸布包扎、喷绘色彩、饰以红花、装扮鱼鳞、内点电珠的现代鱼灯。

翁垟鱼灯制作工艺较为复杂，制作人除了需掌握篾条扎制技艺外，还应对鱼的结构和动物形象有一定的了解和创作能力。随着一些老艺人的相继去世，河西村、地团村、三屿村等村会纸扎鱼灯的老人越来越少，目前会这门技艺和会舞鱼灯的老艺人也大多上了年纪。而年轻人想学的也越来越少。翁垟鱼灯制作技艺后继乏人，亟须保护和传承。（撰稿：乐清市文化遗产保护中心 / 图片：禹昊川）

制作篾条

扎制（一）

扎制（二）

鱼皮

乐清酱油制作技艺

11

乐清市

2015 年列入第九批温州市非物质文化遗产代表性项目名录

乐清市传统酱油的制作历史悠久，在唐朝就有了，明清时期至新中国成立前乐清境内就有酿造厂 21 家。清咸丰年间，虹桥鼎和酱园已闻名遐迩了；同治年间，大荆李仁利已具有相当大的规模；至新中国成立前夕，境内主要有大荆的李仁利、仇川泰、张源盛、陈广和、周永泰瑞记酱园，虹桥的鼎和、朱永和、倪丰和、霍兴和、广生和、益和、霍进生酱园，白象的胡益和、安昌和、新味加酱园，乐成的新美和、宏昌和、新益和酱园，柳市的恒和、正和等酱园。新中国成立后，私营酱园实行联营。1954 年，全乐清市有私营酱园 8 家，为白象瑞泰、瑞和、新一和（万家），虹桥鼎和，大荆广味和、兴盛，乐成新星，翁阳定远。1956 年，实行公私合营，全市酱园分别联合为大荆、虹桥、白象、乐成 4 家酱油厂。

蒸黄豆

晾晒

翻拌

随着工业的发展，酱油酿制技艺也产生了变化，传统工艺酿造酱油因技术难度大、产量少、时间长而逐渐消失。随着经济发展和人们对传统味觉的追寻，1990 年生产传统酱油的小规模作坊开始恢复，2000 年淡溪镇一所酿造传统酱油的家庭作坊扩大生产，成立乐清市金维酿造食品有限公司。据乐清市质监局食品科工作人员介绍，这是温州目前唯一的酿造传统酱油的公司。

酱油酿造要求环境无污染，远离工业、居民区；酱油晒场用水泥地，地面每日冲洗以保持干净。传统酿造酱油的基本原料为大豆、小麦粉、曲种、食用盐。酿造酱油的第一步是选好大豆，将它泡、洗、蒸，把蒸熟的大豆拌上小麦粉发酵；第二步是调制好盐水，将发酵好的大豆放入陶制的大缸内；第三步是将搅拌好的盐水和发酵好的大豆放置在太阳下晒制，进行翻晒让酱均匀接受阳光；第四步是将手工的竹篓打入半成品的酱内，用浸出法提取酱油。

乐清酱油，味道鲜美，俗语“原汁原味原生态，全靠太阳晒”道出秘密。（撰稿、图片：乐清市文化遗产保护中心）

提取酱油

龙西上山面制作技艺

12

乐清市
2016 年列入第十批温州市非物质文化遗产代表性项目名录

龙西上山面制作有浸米、淋米、磨浆粉、压浆、揉粉团、炊面粿、捣面粿、揉面团、拗面（出面）、炊面、晾面十一道工序。

面粿浸水之后的每一个环节都不能拖延太久，因为拖延时间太长，会影响米面的质量。浆粉磨好后，必须马上上压架压出多余的水分，然后捏成一个个粉瓯上蒸笼蒸炊。因为浆粉最容易变质，所以要在沥干水分后的最短时间内进行下一道工序蒸炊。

浆粉蒸炊时要捏成瓯状，在瓯的顶上用筷子戳一个小孔。粉瓯顶上戳一个孔，为的是使蒸炊时蒸气流通而粉瓯能熟得快。粉瓯上蒸笼后就称为“面粿”，蒸炊的工序称为“炊面粿”。炊面粿最需要经验。如果炊的时间不够，面粿没有熟透，制成的米面在晾晒过程中容易断丝，煮食时容易糊面。如果炊的时间过长，太熟了，面粿的黏性增大，拗出的米面就容易黏结，晾晒时不容易分散。

炊熟的面粿还要放在捣臼中反复地捣一段时间，以增加面粿的韧性，捣好面粿后，将其分成若干个小块，以手工揉成一团团小面粿，然后放进拗床拗成面条，这几道工序必须一道紧接着一道，中间不能有停歇怠慢，不然，面粿一发凉，就会变得硬邦邦的，不仅增加拗面难度，也出不了好面。从拗床出来的米面，还需要上蒸笼蒸炊一次，所以，在拗面时，拗床

汏面

晾晒（一）

下方都要有蒸笼接着，从拗床出来的米面直接放盘进蒸笼里，盘满一个蒸笼后剪断，再换上另一个蒸笼。新制成的米面在蒸笼里炊到一定程度后取出，剪成一截截适当的长度挂上面竿（竹竿），制面的程序才算结束，接下来是米面的整理工序——晾晒。

晾晒米面以一截米面为一个小单元依次挂在面竿上。刚出蒸笼的米面还是粘连在一起的面团，必须将它们分散开来才会干得快。为了使互相粘连的面条分散，在挂上面竿之前，要先把面团放进干净的冷水里汏一汏。等面竿上的面半干时，还要用清水把面再清洗一次，将其中还粘连着的面条分散。经过再清理的米面，干燥的速度就会更均匀，干透后会显得蓬松且不松散。

因为米面性质特殊的原因，无论怎样熟练的工人，都不可能在晾晒过程中不断面，所以，晾晒米面时，下方都有布或其他物件接住断面。断面行话称“面碎”，通常减价出售。（撰稿：乐清市文化遗产保护中心 / 图片：禹昊川）

晾晒（二）

温州小吃（高阳馄饨制作技艺）

13

乐清市
2020 年列入第一批温州市非物质文化遗产代表性项目名录
扩展项目

擀面皮

面皮

生馄饨

高阳馄饨作为一道小吃，流行在乐清、温州等地区。它皮薄如翼，汤清，味鲜，被很多人喜爱。

从工艺上讲，师傅们将面皮反反复复擀制，直到变得通透、劲道；馄饨皮薄，皮和肉容易粘连在一起，不怕散开。烫馄饨的时候不能一个个地放，也不能图方便随手一扔，而是一手抓五个，举过肩膀的时候双手一起用力，迅速丢进锅里，保证十个一起熟。另外，用力可以使馄饨皮散开，形状才会好看。

从历史上来说，高阳馄饨已经有百年历史，但被大家所熟知，应该是从高阳人用自己这祖祖辈辈传下来的手艺走街串巷开始。“笃，笃，笃”的馄饨担来了，一碗馄饨勾起的回忆是其他东西无法替代的，在很多人心里它就是家乡的味道。

正所谓“民以食为天”，在追逐健康饮食和生活的今天，高阳馄饨好消化，仍然符合应当代人的需求。因此无论是传统传承还是发展的需要，我们都更应该做好这门手艺的保护工作，让更多的人知道高阳馄饨，吃到正宗的高阳馄饨，从而把高阳馄饨打造成一张拿得出去的乐清美食名片。

如今最早有确切记载并为人所知的高阳馄饨，应该就是陈立标 1930 年在温州摆的馄饨摊子了。因为陈立标个子高，所以他的馄饨摊子被人称为“长人馄饨”。而他一直住在高阳，所谓“长人馄饨”其实也就是“高阳馄饨”。

1978年后，随着经济的发展，越来越多的人走了出去，高阳人也带着自己的手艺，担着馄饨担走街串巷，越来越多的高阳人以此为营生，也就有越来越多的人知道了高阳的馄饨。“白石卵卵，高阳馄饨，柳市五金，翁垟矿灯”这句当时流传的顺口溜就足以证明高阳馄饨的名气由来已久，而且还不小。（撰稿、图片：乐清市文化遗产保护中心）

配料

高阳馄饨

永嘉麦饼制作技艺

14

永嘉县
2023 年列入第六批浙江省非物质文化遗产代表性项目名录

永嘉县地处温州瓯江下游以北，是典型的"八山一水一分田"。永嘉先民充分发挥"靠山吃山、靠水吃水"的精神，在山上开凿大量梯田，弥补耕地不足的缺陷，主要种植小麦、番薯等耐旱作物。麦子多，面食也就多，加之山高水长的地域环境，村民外出抑或是劳作需随身携带耐保存、能扛饿的干粮，永嘉麦饼也就应运而生。

据考证，永嘉麦饼已有 1000 余年历史，由花坦村朱氏先人所创。《明史》卷五十三记载，嘉靖皇帝时，为表达对先祖的怀念和对粮食丰收的期望，四月八日赐不落荚的习俗被改为赐麦饼，自此麦饼正式被列入大明皇朝宴席，该宴称为"麦饼宴"。到抗日战争时期，县内几乎家家户户都会做麦饼，很多小辈在给长辈打下手时也慢慢学会了麦饼制作方法。就这样，麦饼制作的手艺被一代接一代传承下来。

永嘉麦饼是以小麦粉和水为原料，加入辅助佐料揉成面皮，以猪肉、咸菜、霉干菜、萝卜丝、本地可食用野菜等中的一种或多种作馅料，经包制加工成型，烘烤成熟的具有表脆黄亮、油而不腻、鲜香可口等特点的永嘉本地传统特色风味小吃。其用料考究，工艺独特，营养美味，便携易储，承载着浓郁的乡土风情和人文情怀。

近年来，永嘉县委、县政府大力推进麦饼产业发展，2020 年成立了永嘉县麦饼产业发展

1. 准备食材

2. 擀麦饼皮

3. 再次擀平

4. 加馅料

5. 将馅料包进麦饼皮里

6. 捏拢

7. 烘烤

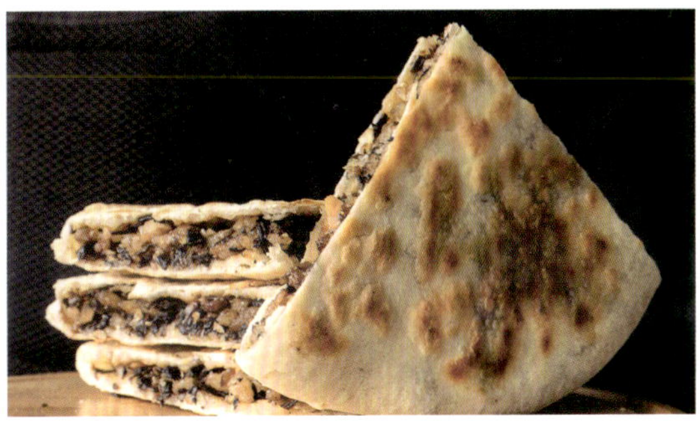

8. 成品

领导小组，下设麦饼办公室，并建立永嘉县麦饼协会，为区域品牌建设奠定基础。通过政企合作制定品牌策划方案，发布《永嘉麦饼团体标准》等一系列举措规范管理，推动永嘉麦饼进驻浙江省政府机关、嘉兴红船学院，打造麦饼示范店，并在丽水街和岩坦农创客直播基地开展永嘉麦饼推介品鉴，孵化“麦饼西施”“麦饼妹”等具有十万级粉丝的永嘉麦饼带货主播。同时，永嘉县持续举办“千人计划”麦饼技能培训班，强化麦饼技师人才储备，带动全县小麦种植、生猪养殖、蔬菜种植等麦饼辅料生产制作产业，辐射全产业近万人就业。永嘉麦饼全国门店从 2019 年初的 100 余家增至如今的 500 余家，分布在浙江省、上海市、福建省等多个省市，年产值从 2019 年的 0.8 亿元增至 2021 年的 5 亿元，涌现出“王大妈”“孝老头”“小五”等知名品牌麦饼店。永嘉麦饼已逐渐从街边零散的麦饼小作坊华丽转身，发展成为具有“永嘉地标”的特色农业产业，成为全县农民加快实现共同富裕的产业发展新路径。

（撰稿：董小娥 / 图片：永嘉县文化遗产保护传承中心 永嘉王大妈食品有限公司）

温州粉干手工制作技艺（永嘉沙岗粉干）

15

永嘉县

2008 年列入第二批温州市非物质文化遗产代表性项目名录

1. 将浸泡过的米粉进行滤水及发酵

2. 将米粉搓成大团并进行烧煮

3. 将煮熟的米团捞出放进木桶

4. 将煮熟的米团摆在竹席上晾凉

永嘉县枫林镇沙岗村是楠溪江流域的小平原，盛产水稻，沙岗居民的祖先从福建迁入永嘉后，就钟情粉干，形成了一套程序烦琐的手工制作沙岗粉干的技艺。据 2003 年方志出版社出版的《永嘉县志》“食品加工”条目中记载：“沙岗粉干和岩坦素面，远在宋代已成为食中佳品。”明朝阁老张璁（永嘉人）将沙岗粉干奉献给皇帝，使其“龙颜大悦”，可见沙岗粉干的制作历史相当悠久。将大米制作成沙岗粉干，要经过浸米、磨粉、发酵、压条、上油、压出粉丝、漂洗、晾晒及装箱等 10 来道手工工序，历时大约 20 个小时。沙岗粉干“一结一结”叠装，略

5. 将米团压成细如纱线

6. 将粉干放置在竹帘上晾晒

呈四方形，“一结”粉干可烧一碗点心，粉丝条较细，色白，韧性较好，烧煮方便，吃起来爽口，独具特色风味。沙岗粉干的主要价值有四：一是沙岗粉干是一种营养丰富而美味的食物，具有较高的食用价值；二是其产品可作为佳品赠送亲友；三是沙岗粉干在市场上出售，可为当地农民增加经济收益，解决一些就业问题；四是它的手工制作技艺具有学术研究价值。（撰稿：董小娥／图片：何建勇）

温州凉茶制作技艺（舒木茶制作技艺）

16

永嘉县
2020 年列入第十一批温州市非物质文化遗产代表性项目名录

清光绪年间，永嘉乡间郎中郑继真研发了专治黄疸病的验方七黄汤。第二代传人郑九方随父学习医术，精通黄疸肝炎、肝硬化等疑难肝病的治疗。第三代传人郑秀莲、鲍希林夫妇，运用传统针疗法结合中草药内服治疗各类急慢性肝病，并将祖传验方加以改良研制出具有护肝作用的冲剂。2013 年，第四代传人鲍康毅、鲍丽萍等兄弟姐妹五人传承祖业创办了“林秀阁”，他们以祖传配方为基础，经科学搭配，运用铁皮石斛、葛根、野菊花、白茅根、栀子等药食同源的天然中草药，通过去除杂质、烘干、碾磨、制粒、紫外线杀菌、内外一体流水线包装等现代工序，研制出了舒木茶、塑妍茶等系列茶。此茶汤色明亮，口感清醇，清香怡人，

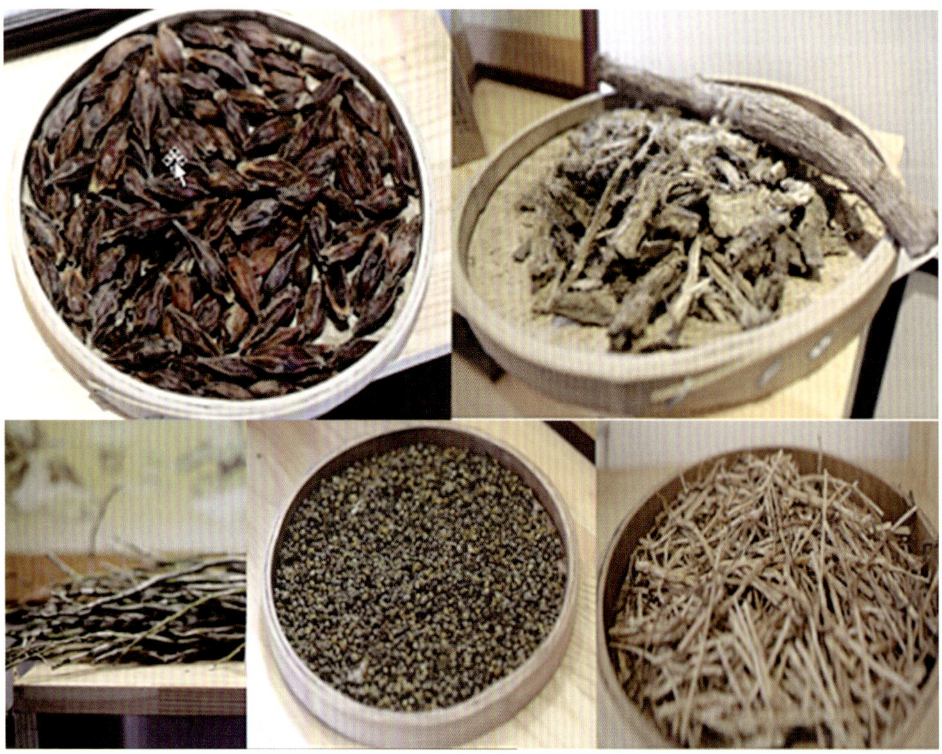

1. 精心选材

保持了植物原有本质，发挥了原材料清热解毒、疏肝理气、祛湿活血等天然作用。2019 年舒木茶传承人鲍丽萍又创立林秀阁栀言花语文化生活馆，注册“栀言花语”“栀言鸡语”“谢公康乐宴”等品牌，研发了一系列药食同源的美食，推出林秀阁养生茶宴，以栀子为主题的舒木茶、舒木鸡、栀子饭、栀言花雨等药膳产品，荣获 2021 年中华药膳银奖。“舒木鸡”药膳获得了浙江省十大药膳提名奖，并在2022年10月的“温州儿时味道”比赛中获温州“瓯味榜十道名菜”的荣誉称号，成为永嘉县乃至温州市的一道特色名菜。（撰稿：董小娥 / 图片：鲍丽萍）

2. 烘干

3. 碾磨成粉末状

4. 加水均匀混合搅拌

5. 制粒

6. 紫外线杀菌

7. 包装

传统苦槠豆腐制作技艺

17

瑞安市

2015 年列入第九批温州市非物质文化遗产代表性项目名录

苦槠豆腐是一道纯野生、原生态加工的绿色食品，富含淀粉、卵磷脂、黄酮、钙、铁、锌、维生素等人体所需的多种微量元素，具有清热润燥、去滞化瘀、补脾益胃、延缓衰老、降脂降压、排毒清肠、补肾养颜、利小便等功效，素有“植物肉”之美称，是馈赠亲朋好友和款待宾客的山珍。

传统苦槠豆腐制作的原料为苦槠树的果实。该技艺传承地瑞安高楼镇，漫山遍野生长着天然苦槠林，还有一株全省最大的“苦槠树王”。每年秋后，高楼镇村民素有将苦槠树的果仁加工成苦槠豆腐的传统。

传统苦槠豆腐制作技艺普遍为家族传承，其传承谱系中大多为婆婆传给儿媳或妈妈传给女儿。生于 1921 年的陈爱兰从婆婆吴氏那里学到技艺后，传承给儿媳潘阿花。2001 年，王杨柳跟随婆婆潘阿花习得传统苦槠豆腐制作技艺，开展日常制作，并将手艺传承给第五代传承人王瑞平。2012 年 4 月，王杨柳建立瑞安市玉女谷苦槠专业合作社，组织村民批量制作传统苦槠豆腐，以生产方式传承保护苦槠豆腐制作技艺，其生产的“马田山”牌苦槠豆腐于 2014 年荣获第七届中国义乌国际森林产品博览会金奖。苦槠豆腐的地位也从代粮充饥的粗俗食品一跃成为酒席中的佳肴，产品广销温州、杭州，乃至欧洲等地。

瑞安苦槠豆腐制作技艺是传承千百年的传统技艺，从一粒粒的苦槠子到豆腐，整个制作流程大概需要半个月的时间。苦槠豆腐的制作需要经过采集果实、剥软壳、暴晒苦槠、压碎苦槠里壳、裂壳取苦槠白、清水浸泡、石磨磨碎（当地人称苦豆浆）、过滤煮熟、冷固成块、切块晒干等十来道烦琐工艺，最后经过浸泡烹饪才能吃到这道舌尖上的美食，整套制作技艺纯手工，纯绿色，无公害。大致可分为 8 个工艺流程：

1. 采集、筛拣：每年十月下旬，苦槠子开始成熟，从树上脱落，至立冬时节约半个月为采摘期，农民多等其自然下落在地再拾取，筛除掉破损的苦槠子及石子，树上直接摘取的苦槠子要再剥去其软壳。

2. 晾晒、脱壳：将筛拣的苦槠子放在太阳底下晾晒，暴晒至开裂，露出里面白白的果仁，再一颗一颗将果皮剥除。

3. 浸泡：苦槠子味苦，一般要在大缸里泡上一天，去除涩味。浸泡苦槠果仁一般要 12 小时以上，才可以去除天然涩味，中途还需要更换 3—4 次的清水。浸泡这一步骤很重要，泡久了会腐，泡不到位则涩味去除不尽。

4. 研磨：将浸泡后的果仁用石磨或电磨将其磨成浆。

5. 洗粉：苦槠子富含淀粉，滤浆成粉，需要过滤、沉淀等工艺，提高去渣率。即将浆汁静放分层，倒去上层黄色清水，再加入清水静放，分层后再倒去上层黄色清水，重复此步骤2—3次。

6. 煮熟：将锅内清水烧开，缓缓倒入沉淀几次后的浆汁，边倒边搅拌。用粉熬制豆腐，熬的时候要不停搅拌，以免熬焦，果浆和清水要按照一定比例熬制成豆腐状。

7. 凝固：倒入容器内，装模定型，自然冷却至凝固成型。

8. 切片、晒干：将摊凉的苦槠豆腐从容器内取出，切成条状或薄片，晾晒成干后储藏。晾晒成干的苦槠豆腐呈淡红色，富有光泽。

苦槠豆腐干在清水里浸泡两遍后，挤去水分，切成片，小炒即可食用。苦槠豆腐质地柔软，呈咖啡色，散发着天然的香气，吃起来细、软、嫩、糯、滑、清香，虽略带苦涩，却入口即化，让人回味无穷。不少农家乐饭店有苦槠豆腐特色菜，食客普遍反映别有风味。瑞安市玉女谷苦槠专业合作社是瑞安目前唯一的一家制作苦槠豆腐的合作社，每年出售近20吨苦槠豆腐干，年产值超200万元人民币，带动当地100余户致富。（撰稿：王碎燕 / 图片：曹启荣）

1. 熬制苦槠豆腐

2. 将摊凉的苦槠豆腐切成条状或薄片

3. 将苦槠豆腐晾晒成干

4. 苦槠豆腐晾晒场

传统木槿洗发液制作技艺

18

瑞安市

2014 年列入第八批温州市非物质文化遗产代表性项目名录

木槿，又名无穷花，俗称“青月藤”，是一种常见的庭园灌木花种，属于锦葵目锦葵科植物，叶卵形，花冠紫红或粉红色。瑞安气候湿润，适宜种植木槿，市区路旁及小院门口随处可见木槿树，马屿、陶山、湖岭、高楼等乡镇的木槿古树更是多不胜数。

木槿叶中含有肥皂草素、肥皂草甙、肌醇，可起到类似于肥皂的作用，可去除头部的油污和皮屑，同时可改善干枯打结的发质，是天然的护发素。木槿水溶性提取物含蛋白质 13%，构成蛋白质的氨基酸种类中，对头发亲和性较强的氨基酸种类占其总量的 48.36%，含有胡萝卜素、叶黄素、菊花质和木槿黏液等，可以给头发提供营养，促进头发生长，改善皮脂分泌旺盛和肝火旺盛引起的头发多油、多头屑、头痒等问题。不会破坏头皮 pH 值，还能有效清洁头皮发丝，修护发丝损伤，是一种较为理想的天然发用调理剂。

当地人民以木槿液洗发及沐浴的习惯已有千年历史。汉代的《山海经》中有记载：“汤谷上有扶桑。”扶桑即木槿。《本草拾遗》记载，用木槿花煎水洗脸，可美容；用叶子汁洗头具有滋发功效。《大明本草》《本草纲目》等书中也都有对木槿树药用价值的描述。浙南民间素有“六月六，洗垢鿋”的谚语，每年的七月七也有妇女洗发的习俗。邑人杨淡风《洗垢宿》中“丰条弱叶正猗那，木槿何辜受苦多。绞汁满盆洗垢宿，小姑披发舞天魔”形象生动地描写了用木槿叶绞汁洗发的情景。

木槿洗发液的制作技艺并不复杂。首先把木槿叶与无患子壳放在布袋里，装在纱布包内，入盆加温水浸泡（无患子壳难以泡开，可在第一天预先浸泡）。用双手揉搓纱布包，也可以放石臼里轻捣，使之渗出更多滑而腻的汁。把汁液与纱布包一起放在锅里，大火煮开，纱布包里的木槿叶与无患子壳继续释放有效成分。适时拿出纱布包再转文火熬煮，使汁液慢慢浓稠即可。

随着城市化进程的不断推进，木槿树被砍伐，化工产品牢牢占据了洗发市场，民间传统的木槿洗发液已渐渐被人们遗忘。化工洗发液产品因其硅油成分和以硫酸盐作为清洁剂的传统配方，容易造成毛囊堵塞、头皮发痒、落发脱发等问题，还会污染环境。随着人们生活水平的提高和养生观念的提升，天然环保的产品越发受青睐，传统木槿洗发液正适应了这个时代的需求。

马屿阮家，祖祖辈辈传承木槿叶洗发液制作技艺。为了不让这个技艺失传，2013 年 3 月第五代传承人阮朝君建立瑞安市传腾中草药专业合作社。2014 年 4 月开始大面积种植木槿树苗并保护木槿古树，聘用掌握传统木槿洗发液

1. 木槿树叶及材料选材

2. 无患子去籽后和木槿叶放布袋里温水浸泡

3. 放石臼里轻捣

4. 双手揉搓纱布包

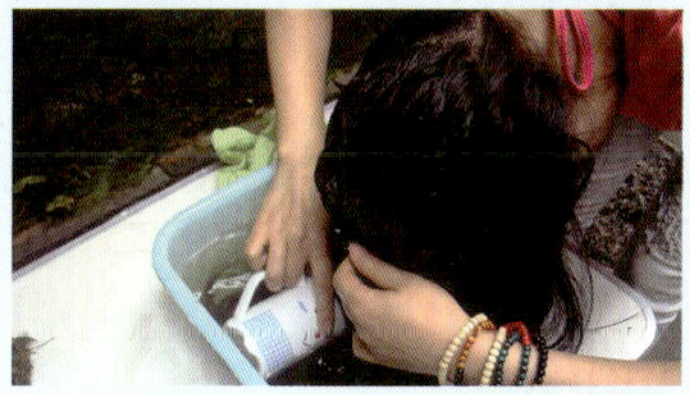

5. 用木槿叶绞汁洗发

制作技艺的老艺人，开发制作纯天然无污染的木槿洗发沐浴新产品，以生产方式传承传统木槿洗发液技艺。从2015年至今，阮朝君每年参与瑞安市非物质文化遗产日展演活动；2016年、2018年、2019年都参加温州非遗馆百工一条街“瑞安月”活动，开展非遗学堂现场教学制作技艺。2016年他创办瑞安市馨馨中草药家庭农场，种植了十几亩木槿树，从种植到生产每一步都讲究采用纯手工原生态制作。从最初的洗发液，到随后开发出来的洗涤液、沐浴露、纯露、面霜、香皂等，都秉承了“无添加零污染”的理念。其中针对牙龈肿痛、牙周炎研发的木槿牙膏乳，尤受老年人喜爱。2019年，阮朝君创办瑞安市古艾槿文化有限公司，选址于瑞安市忠义街历史文化街区，主要展示木槿洗发液制作技艺和传统手工艾条制作技艺两个项目，主营这两项技艺的衍生品售卖以及体验活动，并于2019年被列入第二批温州市非遗体验基地。近年来，他还在社区便民中心、文化礼堂、老年大学举办各种公益活动，传承和面授木槿洗发液制作技艺。

传腾中草药专业合作社先后投入数十万元，用于聘请掌握传统木槿洗发液制作技艺的老艺人开班培训、面授技艺，培养传统木槿洗发液制作人员，购置制作工具，大面积种植木槿树等工作，逐步打造瑞安传腾中草药产品的品牌项目，以品牌效应带动这项古老技艺的保护和宣传工作。（撰稿人：杨榕／图片：瑞安市非遗保护中心）

传统造纸技艺（南屏纸制作技艺）

19

瑞安市
2012 年列入第四批浙江省非物质文化遗产代表性项目名录

造纸术作为中国“四大发明”之一，已有两千多年历史。温州纸山沿用古法造纸，这纸叫南屏纸，也称作屏纸，有人说是蔡伦造纸的延续。

“竹”与“水”，是造纸必备的东西。民间传说，温州纸山先祖原籍福建南屏，这一带造纸业颇发达，后晋天福二年（937），他们为避内乱而迁徙，在远离乱世的瑞安湖岭和瓯海泽雅山坳中定居下来。这里溪流密布，水源充足，水质清澈凉滑，酸碱度适中，适宜打浆造纸。这里地势开阔，溪水落差大，水力资源丰富，宜于建造水碓作为动力。这里满山种竹，竹类资源就近而充足。竹茂水丰是造纸的两大先决条件。于是他们定居下来重操旧业，建水碓，挖腌塘，建纸槽，做纸度日，这纸叫作南屏纸，在各地各时期的名称也不同，亦叫土纸、火纸、纸煤纸、粗纸、纸钿纸、卫生纸等。

南屏纸制作技艺，与明代宋应星《天工开物》中介绍的古代造纸生产工艺的流程相吻合。据纸农介绍，屏纸以水竹、绿竹、单竹等丛生竹和嫩毛竹为主要原料，经过竹、料、刷、浆、纸五个环节制成。

竹：竹子不能太嫩也不能太老，以砍弱留强、砍老留幼、砍密留疏、砍内留外为宜。竹子砍下后，剔枝除叶，用竹篾打捆，运到做料场地。

瑞安六连碓

料：把竹子截成 1 米来长的段，用锤子将竹子锤裂。锤子要锤在竹节上，竹子才容易裂开。竹子锤得细，石灰水就容易浸入，竹料就容易腌熟。锤过的竹子一摞摞扎成捆，垛成堆，晾干备用，这叫作料。

刷：把竹料叠排放进腌塘中，投入蛎灰进行腌制。100 斤竹子，15 斤蛎灰。从造纸学原理讲，腌制就是去除竹料中的木质素，提纯植物纤维。纸农称这种腌制的竹料为“刷”（谐音），“刷”在腌塘中浸泡期间要上下翻动，使腌制均匀，这叫翻塘。

浆：将腌熟的“刷”洗干净，挑到水碓里放进捣臼中，利用水碓将其捣碎捣细成纸绒，捣的时候要用手不停地进行翻动，使之均匀，这叫捣“刷”。瑞安东元村有六连碓，利用溪水落差大的优势，科学设计坝和渠，第一座水碓的尾水作为第二座的头水，第二座的尾水作

1. 腌“刷”。把截成一段段的竹子，和着石灰，埋在坑里用水浸泡

2. 数月后将腐竹水洗晾

3. 捞纸。用竹丝帘捞起薄薄的一层纸

4. 晒纸

为第三座的头水，以此类推，串联式建了六座水碓，足见其水动力之大与机械制造技术之高。

纸：捞纸是造纸工艺中决定质量的关键环节。捞纸在纸槽中进行，纸槽分大小两槽。先在小槽里踏“刷”，把“刷”绒踏成浆状。再转入大槽通过搅拌打散把纸浆彻底化开，均匀地分散在水中。接着捞纸，即把水中的纸浆用纸帘捞成纸。纸帘是捞纸的主要工具，用竹拉成细丝，织成纸帘。入帘，出水，抖干，都在一瞬间，一气呵成。捞纸后，将一张一张湿纸重叠上去，积湿纸如墙，叫“纸墙”，也叫“纸岸”。利用物理学中的杠杆原理，用压秤、绳缆、播杠等压干纸墙中的水分，这叫压纸。最后还要分纸、晒纸、理纸、拆纸、捆绑上号，才可出售。

瑞安湖岭芳庄一带至今仍保存着不少完整的水碓造纸作坊，实物遗存包涵历史信息，依次分布在三十二溪的两岸：1. 赵龙冈碓遗址，位于娄山溪的东岸。2. 东元六连碓造纸作坊群，在三十二溪支流源头。3. 侯垟水碓造纸作坊群，分布在三十二溪源头的白山岭溪、纸瓮头溪和戴瑶溪的两岸。4. 下瑶五连碓造纸作坊群，也有说九连碓的，分布在三十二溪下瑶段的两岸。5. 周垟水碓造纸作坊群，分布在三十二溪中段流域，有周垟上、周垟下、周湾、直坑、尾垟下、山坑等村的数十处水碓与作坊。6. 下者四连碓，在三十二溪西岸的下者村，三十二溪穿村而过。

然而，古老的造纸工艺在文明进程中逐渐淡出了人们的视野，20 世纪 90 年代生产工艺尚处于原始状态的屏纸失去市场，大批纸农歇业，水碓与作坊闲置。但是传统手工造纸依然是一部分农民的日常劳作方式，还有人在造纸，古老的工艺仍在顽强地延续着。水碓是屏纸生产的主要工具，把水能转化为机械能，不少水碓稍加修整后依然能转动。瑞安市东元村六连碓已发展成旅游景点，展示南屏纸的制作过程，科学且环保。（撰稿：陈思义 / 图片：吴小淮 苏立锁）

瑞安传统制糖技艺

20

瑞安市

2014 年列入第七批温州市非物质文化遗产代表性项目名录

瑞安传统红糖，采用优质的原材料配以代代相传的古法制作，充分保留了甘蔗的营养物质，使其声名远播，被誉为“东方巧克力”。古法熬制的传统红糖颜色呈黄褐色，香气浓郁，具有补血、抗衰老、加快人体新陈代谢、排毒养颜、化瘀止痛等功效，是温州女性坐月子的必需品。瑞安的陶山、马屿等地有甘蔗种植和古法制糖的传统。

相传在1400多年前的南北朝时期，医药家、文学家，人称“山中宰相”的陶弘景在陶山隐居时，带领当地农户在福泉山种植甘蔗，并指导农户榨汁熬糖，作为药引。陶弘景在药学典籍《本草经集注》记载“取蔗汁以为糖甚益人”，这言论又被记录在《名医别录》里。中医认为，古法熬制的红糖味甘、性温，具有益气养血、健脾暖胃、散寒止痛、活血化瘀等功效。现代研究也发现古法熬制的红糖释放能量快，营养吸收利用率高，除蔗糖外，还含有铁、钙、锰、锌、苹果酸、核黄素、B 族维生素、胡萝卜素等多种营养元素，有较好的食疗功效。

好水土造就好甘蔗，好甘蔗才能熬好红糖。瑞安的红糖原料以产自陶山、马屿等地的甘蔗为上品，这与当地的水土、光照、温度、海拔等每一个影响甘蔗生长的因素有关。陶山、马屿一带田地沙土松软富沃，阳光、雨水充沛，昼夜温差大，特别适宜甘蔗生长和糖分积累，种出来的甘蔗水分少，糖分多，味道清爽，适合做红糖。在陶山，蔗农们还种植专门用来制作红糖的甘蔗品种，其中有“贡蔗”和“310”两个品种。

每年的制糖期极为短暂，只在甘蔗收成后的时段开灶生产，大约从立冬到农历十二月初，最多两个月时间。砍下的甘蔗运到制糖厂，红糖的熬制就开始了。制糖厂师傅会在制糖前严格按传统的习俗，先祭祀“糖神”。祭祀当天，早上天还没亮，制糖师傅们就准备好白酒、猪肉、两炷香、鞭炮等。在朦胧的夜色中，大家默默地将祭品陈列于灶前，将香点燃在手，开始行叩礼，祈求糖神保佑熬出最好的糖。

制糖过程中没有仪表、没有计量、没有参数，所有的工序都是靠制糖师傅们的经验，靠师父徒弟之间心口相传，一代一代传承下去。制糖的工序，首先要榨甘蔗汁，将甘蔗汁进行沉淀过滤，然后把其倒入事先热好的 11 口连环锅中的第一口最大的锅中煮沸，这期间要不断翻动烧开的糖水，用特制的漏勺或捞箕把糖沫、杂质去除干净。接下来就是做红糖最关键的时刻了，制糖师傅将捞完糖沫的糖水，依次起到第二、第三口锅……糖水煮沸后需要在前后锅之间交换融合，并不时地察看糖水浓度的变化。开始时略带绿色的甘蔗水入锅，不时就可见清澈而略带褐色的糖水了，再过一段时间糖水越来越浓，越来越稠，越来越黏，满满一锅的水减少到大约三分之一时，抄起一瓢高高地往下倒，如果糖浆像一面旗似的挂在瓢上，说明可以出糖了！

滚烫的糖浆随即被舀到木质的“糖围”内，用木质的“糖锤”在糖浆表面不断地来回拖，让其接触空气直到起沙的状态，稍待冷却。高浓度的糖汁渐渐凝固，再用木槌轻轻敲散，用铁质的“糖铲”将粗粒的糖粉铲成堆，再用“糖锤”不断地重复碾压，直到变成满意的粉状为止，甜香四溢的红糖便做好了。

传统制糖手艺流传至今已有上千年，成了具有瑞安地域特色的传统制糖文化。我们对传统制糖技艺的保护，不仅仅是将其放在博物馆里展示，写进教科书传播，更应该在现代生活中传承这种传统技艺。瑞安正在推出与现代人生活相适应的红糖产品，提升红糖的产品附加值，让传统的红糖制作有发展空间，同时引导陶山一带的年轻人学习传统的红糖制作技艺，把这门古老技艺传承下来。（撰稿：林长凯/图片：曹启荣）

1. 榨甘蔗汁

2. 将捞完糖沫的糖水，依次倒入 11 口连环锅

3. 糖水煮沸后需要在前后锅之间交换融合

4. 用铁质“糖铲”将粗粒的糖粉铲成堆，再用“糖锤”重复碾压

温州传统米酒酿造技艺（瑞安“蜜沉沉”酒酿造技艺）

21

瑞安市

2020 年列入第十一批温州市非物质文化遗产代表性项目名录

酒，对于中国人而言，不仅仅是一种饮品，更是一个文化符号，能体现一种礼仪，表达一种情趣。在瑞安有一种特产米酒，以酒代水重制重酿，得酒液色泽鲜亮，清香浓馥，初饮之时，香甜可口，喝多之后，微醺浅醉，令人有“沉沉若醉，醇醇如蜜”之感，颇受群众喜爱，此酒便被称为“蜜沉沉”。在瑞安，女子怀孕后，娘家在其产前有送“快便肉”和“蜜沉沉”习俗；女子分娩后几日，其丈夫就得前往岳父母家“送蛋酒”，既是报喜，又表谢恩；坐月子时，妇女依然有吃老酒打蛋、老酒炖鸡的习俗，“蜜沉沉”有活血补气、祛湿产奶、滋补益母的功效。

瑞安市马屿镇曹氏家族传承的“蜜沉沉”酒酿造技艺，始于清朝乾隆年间，迄今已有近三百年历史。祖上在老太公曹用秀时就开始成规模酿造，一代传一代，到 1983 年时，曹高树同他人在本村集体创办了瑞安清祥酒厂，那时太公曹仲春还现场指导酿造。现任第六代传承人曹隆君从小就是在这样的环境下，悉心学习做酒曲和“蜜沉沉”酒酿制工艺。2014 年，曹隆君正式接手瑞安市清祥酒业有限公司，一边大力推进酿造工艺发掘和技巧上的改进，规模化生产提升产酒量，以生产保护传承这项酿酒技艺；一边悉心教授其子曹大鹏与曹大都家传技艺。

瑞安“蜜沉沉”酒采用传统工艺，用料丰富，精心酿造，费力艰辛，以糯米、红曲（或黄曲）、米烧酒及山泉水为主要质料，以红枣、枸杞、龙眼等为辅料，经浸米、蒸饭、拌曲糖化、合盘发酵、抽酒、澄清、压榨、封缸陈酿等工艺流程而成。

1. 选时。酿造“蜜沉沉”酒一般选在清明或农历十月之后，一来由于湿度温度适宜，酿

1. 投入古法自制的红曲

2. 将枸杞、红枣、龙眼等辅料，落缸同米曲拌匀

酒时滋生的杂菌少；二来春冬季的水质清冽，酿出的酒品质更为上乘。

2. 选料。精选优质糯米，按比例称糯米烧酒、米曲、糯米、枸杞、红枣、龙眼等质料。

3. 泡曲、浸米。清洗大酒缸，投入古法自制的红曲或黄曲（红曲出酒呈琥珀色，黄曲出酒呈橙黄色）和适量低度烧酒，称为“泡曲”，用于激活酒曲中的微生物，并将枸杞、红枣、龙眼等辅料，落缸同米曲拌匀，静置 24 小时到 48 小时。与此同时，把称好的糯米倒入木桶内，加水至水层超过米面 20 厘米，浸泡 4 小时以上，以米粒吸水透心，用手捏米能碎为准。将浸米捞入竹篓内，把它放在冲洗架上，用净水从上面冲下，先冲中心，再冲四周，至篓底出水不浑浊为准。

3. 把称好的糯米倒入木桶内

4. 抽酒、澄清

4. 蒸饭。浸泡后的糯米适当沥干放入蒸笼内摊平，使米粒维持松散的状态，蒸至米饭富有弹性，以手捏米，里外同等，无白心。

5. 拌曲糖化。蒸熟的糯米饭需要倒在竹席子上，冷风自然降温至 25—28° C 后落酒缸，用酒耙打匀糯米饭、酒曲、枸杞、红枣、龙眼等辅料。之后每天开耙一次，连续一周，使糯米饭和辅料糖化，再按比例加入高度烧酒，每次加入烧酒都要开耙打匀，两个月内加好所有烧酒。

6. 合盘发酵。盖上木制缸盖，用有光纸刷上柿浆封好发酵。大约 60 天后，酒糟陆续沉缸底。

7. 抽酒、澄清。酒糟完全沉到缸底，抽出上层澄清酒液，放置，再澄清。

8. 封缸。高温短时杀菌，储于陶瓷容器内封缸。

12—18 个月后即成。新出的“蜜沉沉”酒色泽鲜红或金黄，清澈透明，扑鼻馥郁，甜蜜爽口，回味绵长。适量饮用可祛风湿、养胃、补中益气，具有暖胃健脾、舒经补血、强筋健骨、滋补强身等功效。在天冷的时候，可将“蜜沉沉”酒盛在器中放在热水中烫热，或者隔水加温，温度在 40℃左右为最佳；而要喝口凉爽的，直接冰镇的风味也是独具一格。除了直饮，“蜜沉沉”酒还可以加温后加入蛋液搅拌后饮用。此外，在佐餐、烹饪时放入还有除腥、提色、增香之用。

传承人曹隆君说：“‘蜜沉沉’酒传承着瑞安的历史文化，也沿袭着这里的传统习俗与风土人情，我们一定会把这件事做好。”近年来，他自发投入资金，通过新建厂房、更新设备、申请“曹潘园”商标加强产权保护、加大媒体宣传力度、参与大型展会拓宽市场平台等方式，继续传承这项技艺。（撰稿：胡跃 / 图片：曹启荣）

莘塍五香干传统加工技艺

22

瑞安市

2011 年列入第五批温州市非物质文化遗产代表性项目名录

莘塍五香干是瑞安莘塍一带农家自产自销的豆制品小吃，冠以地名“莘塍”，以“五香”为料，因散发出诱人的五种香味而得名，风味独特，历史悠久。始创于清朝同治九年（1870），由庚春园豆腐干演变而来。

我国豆制品制作历史悠久，相传由汉时淮南王刘安发明，被誉为“中国第一菜”，逐渐形成了安徽淮南八公山嫩豆腐、广西桂林白腐乳、浙江绍兴腐乳、黑龙江克东腐乳、广东三边腐竹、北京王致和臭豆腐、湖北武汉臭干子等豆腐精品。豆腐干也有许多品种，有甜滋滋的苏州豆腐干，不酸不苦的长汀豆腐干，清热润燥的桑植豆腐干等名产，莘塍五香干也有自己独特的风味，是名闻温州一带的风味小吃。

莘塍是温瑞塘河边上的商业集镇，手工业发达，清同治年间莘塍街已有酱酒、饴糖、鱼行、绸布、洗染、广货、纸伞、药材的店铺作坊。其中皆春官酱园，用莘塍涂园种的当年的新豆，加上双缸酱油，做出的五香干鲜香爽口，硬中带韧，对折不断，久放不坏。莘塍五香干一块块薄薄的，方方正正，半寸大小，颜色酱红，口感细腻，当中还印有圆圈，很有地方特色，具有“香干王”“田园之肉”的美称。二十世纪七八十年代，温瑞塘河上，客轮嗒嗒嗒驶过，一路的埠头上、客轮上就有小贩叫卖莘塍五香干，“莘塍五香干——，莘塍五香干吃味道——”。

作为瑞安特色的一种豆制品，莘塍五香干的制作很讲究，它的全套工艺程序是一百多年来的经验总结。首先是精选当年出产的大豆，陈年的不用，经过浸水、磨细、滤净、煮浆、结冻、压挤、切块等一整套做豆腐的传统流程。然后是做渗料的双缸酱油，据说当年老板渗香干用的酱油，也是自己生产的。酱油的质量直接影响到香干的档次。把八角、花椒、小茴香、陈皮、桂皮等五种香料和食盐、生姜等配料，进行科学搭配后加到酱油中。这些香料加入的比例与时间很有讲究，有些配料在水渗大豆时就加进去了，有些是烧煮时加入。待煮沸后，取一豆腐干观察，如色呈棕红，味道香美，即可取出。这套操作规程是前辈百年来的经验总结，秘不传人。

经过一百多年的不断发展，莘塍五香干从最初的在街头巷尾、轮船码头、车站提篮叫卖，发展到现在已成为家喻户晓的百年名坊，产品遍布国内各大超市，并远销欧洲各国，深受国内外华人青睐。1995 年建立的瑞安市岩松食品有限公司，公司董事长薛岩松是薛里人，1953 年生，为五香干创制人之一薛鸿光的曾孙，带着儿子薛迪清等人秉承祖业精华，努力开拓创新，成为专业生产莘塍五香干的现代企业。

1996年企业注册“莘塍五香干”商标，2004年通过国家绿色食品标志认证。瑞安市岩松食品有限公司已经实行机器产业化生产，研制出莘塍五香干系列产品30多种。

现在莘塍做五香干的作坊还有几家，在莘塍的菜市场也有卖五香干的，有大香干、小香干、大丝香干、小丝香干，有块状的、条状的、丝状的，有散装的，也有礼品装的，品种很多。超市、集市、旅游景点、小吃街上甚至网络上都有莘塍五香干售卖，有牛肉味、烧烤味、五香味、香辣味的，五香干仍然散发出一种乡土风情。（撰稿：胡一平 / 图片：曹启荣）

莘塍五香干

1. 压挤豆腐

2. 将豆腐切块

3. 渗料双缸酱油

4. 出锅

索面制作技艺

23

瑞安市
2020 年列入第二批温州市非物质文化遗产代表性项目名录扩展项目

索面，也称“纱面”“素面”“长寿面”，是一种用手工拉成晾干的面制品，洁白似银、细如麻线，略带咸味、鲜软可口，性平温补、养胃养颜，是浙江的传统特色美食。人们走亲访友、添丁、婚嫁、老人祝寿多选索面作为宴客主食。

瑞安的南山村，几乎家家户户都会制作索面，目前全村尚有 60 多户从事索面生产，年产索面约 500 吨。索面已漂洋过海，远销东南亚、欧盟等地，深受当地侨胞喜爱。据该村书记周日珍介绍，南山村成立了南山索面合作社和南山面厂，投入 80 多万元人民币来改造村里 3 处索面晒场，按照市场需求积极探索索面生产规模化、产量化的发展新路子，从而更好地保护和传承索面制作技艺。

瑞安南山索面为纯手工制作，历经和面、发面、搓面、盘面、拉面、晒面、收面等多道工序，一帘面的制作要经过十几个小时。具体有以下 6 个步骤：

和面。一般在凌晨 3 时许开始和面，100 斤精面粉，要加入 52 斤水，11 斤盐。但并非一成不变，比例会根据面粉的质地和天气干湿冷热有相当大的改变。在粉缸里把面粉和盐水拌均匀，反复搓揉，感觉黏绵为止。

发面（醒面）。把粉缸上盖静置发酵约 1 小时。面“醒”的时间过短，则生脆，面线拉不出来；时间过长，则面团滑湿拉不成线。

搓面。在案板上轻撒一层番薯粉，将发好的面团分两次在案板上用面杖压成厚约 3 厘米的面饼，用刀从外向内呈螺旋状切开。在案板上搓成直径约 2 厘米的圆条，螺旋状一层层盘到盂头内，发面约 1 小时。再次将其搓成约笔管粗，粗细均匀，盘至另一个盂头内，继续发面 1—2 小时。

盘面。将两根面竹插在 L 形小面架上端小孔中，间距约 15 厘米，将发好的面按“8”字形均匀地绕到面竹上，面竹绕满后扯断，面竹一上一下放到小面柜内，盖上面席继续发面，再均匀地用力将面轻轻拉长，转放到大面柜中，盖好面席。

拉面。将面柜内发好的面拿到晒场，将一条面竹插到面架上方小孔中，双手拿着另一条面竹两端，轻轻用力向下抻面，使面变细变长，将面竹插到面架下方小孔中固定，两对面竹间隔 1—2 个孔，然后双手分拿两根一端削尖的面箸将面轻轻分开，使其不粘连；待面稍干，再轻轻将面抻长。如此反复几次，一帘面就成了。

收面。索面晾晒 2—4 小时至九分干时，收下放到案板上（过了午后三点，地表的湿气渐渐升起，含有盐分的索面就会返潮，一般就不晒了）。用手将面摘下，盘成“8”字形，每绞约重三两半，一绞一绞按顺序放于铺有塑料薄

1. 和面

2. 发面

3. 搓面

4. 盘面

5. 拉面

膜的面箩里，盖好薄膜防潮。

传统手工索面制作最怕的是下雨，下雨天面条无法晒干就废了。最难的是放盐，盐是索面唯一的添加剂，盐太多面抻不开，盐太少面就太塌太垂了。最考验功夫的是盘面，将面条架在竹子上，每组 60 圈，要做到快速精准、丝毫不差。最美的风景是拉面，南山村家家户户都会把装满了面条的面柜抬到空地上，原来粗粗的面线霎时幻化成丝丝缕缕，挺直如琴弦，轻盈似流水，整个南山村犹如“半抱琵琶半遮面”的少女。

村民经过一天的劳作，到晚上就可以煮上一碗香喷喷的“姜酒索面汤”，索面配以大葱、虾皮、香菇丝、鸡蛋等佐料，就香气扑鼻，令人闻之欲醉。正如晋代束皙《饼赋》中形容的，“柔如春绵，白若秋练，气勃郁以扬布，香飞散而远遍”。手工加工的索面口感韧滑，味道鲜软，索面制作工艺还在专业户群体中传承。此前一批摄影师跟踪拍摄又把南山村搞得热热闹闹，也带动了乡村旅游。南山村的照片频频出现在全国摄影展上。（撰稿：胡耀斤　柯步伟 / 图片：曹启荣）

戏袍绣制技艺

24

瑞安市
2014 年列入第八批温州市非物质文化遗产代表性项目名录

瑞安戏袍绣制技艺是刺绣戏服、道袍、佛像、宝盖等织品的手工技艺，从瓯绣发展而来。该技艺以盘金银线立体绣法见长，绣品讲究针法、笔法和物象理法的统一，融诗文、书画、刺绣之美为一体，绣理分明，绣面光亮，显示出高超的技艺水平和深厚的传统文化内涵。

戏袍绣制作品

画稿

瓯绣是中国刺绣的一个重要绣种，唐代锦衣上就曾发现瓯绣的运用。北宋时期绣工日渐成熟，三方“双面绣经袱”用黄、白等粗绒，施平针绣成翔鸾团花双面图案，绣面平、线条细、针脚整齐。温州知州杨蟠在城内建三十六坊，其中就有“绣衣坊”，瓯绣在其中也发挥了重要作用。到了明清时期，温州对外交通日渐发达，使瓯绣得以吸收姐妹艺术之长，发展成为一个具有自己特色的地方绣种，并逐渐成为温州地区的一个独特产业。1850 年温州已经有专业的瓯绣绣铺，产品主要是官服、旗袍、戏装、蟒袍以及一些日常的椅披、桌围、寿幡，民间更是形成了“十一十二娘梳头，十二十三娘教绣”的传统和以绣花罗裙作为青年男女定情礼物的风俗。1916 年，温州设立刺绣局，之后又相继成立了温州第一、第二刺绣合作社。20 世纪 60 年代，瓯绣绣品成为国家礼品和出国展品，产品远销海外 50 多个国家和地区。1977 年温州又筹建浙南戏服厂，民间大小戏装绣制厂百余家，瓯绣发展进入鼎盛时期。

瑞安戏袍绣制技艺从瓯绣发展而来。瑞安戏袍曾走进温州大小戏班，无比辉煌。1955 年，黄克敏创办陶山刺绣厂，租用花园底村临河的民房作厂房，专门从温州刺绣合作社承接业务来料加工，绣工最多时有 240 多人。通过艺人带徒、集体培训，技艺得到较好传承，陶山刺绣厂成为当时瓯绣的最大农村加工点，于1980年开始承接戏袍绣制业务。其间，一批乡村女工加入陶山刺绣厂学习，并逐渐成长为瓯绣技艺的中流砥柱。20世纪80年代末，随着工业经济大规模发展和电子刺绣的推广，瓯绣市场不断萎缩，大量刺绣合作社倒闭，很多从事刺绣的手艺人都另择他业，唯独瑞安的刺绣技艺传承下来。现今温州城区已很难找到瓯绣店家，解放北路的几条小弄巷内虽然挂着“戏装绣铺”的小招牌，但都只承接业务，真正的加工点在陶山。

戏袍的制作大致可分为画稿、印刷、上绷、刺绣、涂糨糊、下绷缝制等工序。瑞安戏袍绣制技艺保留着传统的戏服刺绣工艺，与瓯绣针法相似，一般以平针为主，使用大块面积使舞台效果更好。在普通针线绣手法基础上，为了给图案增加立体感，常常会在盘龙、锦鲤的部分采用特殊的立体绣法，即钉纶金，先用粗的棉纱绳打底，然后再以凹凸的方式绣上金线，使盘龙显得活灵活现，立体感非常强，盘金银线针法的运用使戏服图案在舞台的灯光照射下，更显得立体，光耀有神。绣线配色鲜艳，花卉、祥云、海浪等图案雅洁、华贵，凤凰、游龙、飞禽走兽等图案威武、生动，整体呈现富贵吉祥、喜庆如意的寓意。

一件优秀的戏袍作品，色彩艳丽而不落俗套，针法灵活多变，构图精巧和谐，能很好地处理其在舞台灯光照耀下的色彩对比、色彩反差以及色彩图案的搭配协调，烘托不同的戏剧情景、戏剧的主题思想，具有浓郁的文化特色和艺术价值。

近年来，手工刺绣因为周期长、成本高，渐渐被快捷便利、价格低廉的机绣所代替，处境大不如前。手工刺绣价格也一压再压，年轻人不愿学艺，致使戏袍绣制技艺的传承青黄不接。

瑞安戏袍绣制技艺传承人张香妹，出于对瓯绣的喜爱，以此作为终身职业，勤勤恳恳一针一线绣到如今，技艺在温州一枝独秀。张香妹的戏袍作品做工精细，配色鲜艳。她与温州五马街的叶小和、尤玲玲等合作，承接各类戏袍、幡帐、披衣、桌围等绣品制作，并带动周边妇女以此为业。徐珍珍为张香妹之女，从小耳濡目染，12岁时开始学习刺绣，目前已掌握戏服绣制的全部技艺，为第四代传承人。（撰稿人：刘腾 / 图片：刘峰）

上绷刺绣

传承人展示戏袍绣制作品

传统红酒酿制技艺

25

文成县
2014 年列入第八批温州市非物质文化遗产代表性项目名录

文成传统红酒，指的是用优质糯米和红曲霉菌发酵而成的红曲酒。在文成全境，均有传统红酒酿制技艺的传承人。其中又以黄坦、双桂两地更善于制酒曲，故而两地的红曲酒更为纯正。

红曲酒最先是红色的，一年后变微黄，五年后变琥珀色。红曲酒是黄酒的一类，但是它与黄酒是有区别的：红曲酒口感比黄酒更加新鲜淡雅，香气更加柔和。红曲的菌种是红曲霉，它是一种耐高温、糖化能力强，又有酒精发酵力的霉菌，对气候和环境的要求很高。

红曲酒深受文成人民的喜爱，每到最宜酿酒的冬季，特别是农历十月十日，文成农村几乎家家户户都会忙着酿制红曲酒。红曲酒中含有多种人体所必需的氨基酸及维生素，经常饮用能够增强自身的抵抗力，还能在一定程度上抗衰老；红曲酒还有温中健脾等功效；除此之外，在烹饪上也经常用到它。

在文成还有一个习俗，就是产妇在坐月子的时候，会把红曲酒和鸡蛋、鸡肉、兔肉、索面等一起炖煮食用，这是因为红酒能够活血化

1. 蒸饭

2. 盛出糯米

3. 倒入红曲

瘀、驱寒祛湿，对产妇的产后恢复起到很大的作用。

理论上五谷杂粮皆能酿制红曲酒，但由于江浙地区盛产糯米，故文成人多以糯米酿制红曲酒。做红曲酒最好选在冬季，农历十月十日是最佳时间。糯米洗净，挑去杂质，加清水浸泡，当用手捻米米会碎时就可以捞出来控水了，然后放到蒸锅里蒸熟。蒸好的米要事先过一遍水，目的是让它散开，易于和酒曲拌和，有利于发酵。再将熟糯米平放，用自然风干的方式冷却至30℃左右。红曲也要用凉开水泡过，这样有利于发酵。一定要在糯米30—35℃之间拌曲，过冷不易发酵，过热曲菌会被烫死。酿制红曲酒的顺序是先放水，再放红曲，最后放入蒸熟的糯米，一斤米配一两半的红曲再加一斤八两的水。将水、红曲、熟糯米搅拌均匀，在这里有一个必须注意的点，就是一定要避开每日的涨潮时间，否则糯米会沸腾溢出。接着拿东西遮住缸口，移至20℃左右的地方。过上一个月，瓶中的原料已融为一体，颜色已由清红逐渐变成深红。红曲所固有的微生物将糯米的蛋白质转化为氨基酸后，红曲酒初步酿成。要想得到超级醇香的口味，需要再酿上几年。用筛网过滤后得到的红曲酒就可以作料酒或直接饮用。

红曲酒酿制不易，一般都要经验丰富的老师傅才能酿制成功，因为酿制红曲酒必须要达到以下三个要求。1. 原材料质量要求高，要用优质的糯米、发酵和贮存较好的红曲，最好是用清甜的山泉水，这样才能酿制出香醇的红曲酒。2. 制作步骤要求严格，在酿制过程中，要严格遵循制作步骤，甚至对时间、温度、湿度都有严格的要求，只要有一个步骤不规范，都会影响到酿制效果。3. 制作技术要求高，红曲酒酿制是一个细心活，也是个耐心活，放入的糯米、红曲、水的比例，放置的时间、温度、湿度，都需要一定的技术去掌控，再加上红曲的发酵速度快、不易控制，技术不到家，很容易酿酒不成反成醋。（撰稿：谢鸣 / 图片：沈昌杰）

4. 捣酒

5. 听酒

6. 封酒

温州麦芽糖制作技艺（文成黄坦糖）

26

文成县

2008 年列入第二批温州市非物质文化遗产代表性项目名录

黄坦糖是麦芽糖的一种，因为制作、贩卖的大多是文成黄坦人而得名。该糖松脆香甜，深受文成人民的喜欢，挑着担子走街串巷的卖糖郎，也成了很多人童年的美好记忆。

黄坦糖以精细糯米为原料，用麦芽发酵后煎成糖油，再添加芝麻、花生仁与薄荷油为佐料制成。此外还可制成松脆的糖丝、柔韧的糖端（条）、坚实的糖饼，花样各式，味道多样，含在嘴里香甜、清凉可口，并有健脾胃、增食欲之功效，是年节食用、馈赠亲友之佳品。

黄坦糖至今已有百年历史，从业者甚多，民国时期至 20 世纪 50 年代最为鼎盛。有俗语："糖桶一度乌一度红，担起糖桶，只怕脚不勤来不愁穷。"黄坦糖物美价廉，深受消费者欢迎，销路极广，除本县各地外，曾热销于邻近瑞安、平阳、云和、丽水一带。

制售黄坦糖曾是黄坦百姓重要的家庭副业，"黄坦糖"制作属家庭作坊式生产，技艺以父子相传为主。

黄坦糖至今仍保持手工制作，对发麦芽、浸米、炊饭、发酵、榨汁、煮糖等工艺有严格的技术要求，其中尤以控制煮糖的火候为关键。其具体工艺流程如下：

1. 发麦芽：每百斤糯米需用大麦 7 斤，将纯净优质大麦用水洗净，放盆内用水浸泡催芽，天暖需 7 天，天冷约需 10 天，待麦芽长至 3 厘米长，取出晒干，用石臼捣成细粉备用。

2. 浸米：上午将糯米用水洗净浸透，傍晚用大爪篱捞出放在沥米箩中沥干。

3. 炊饭：当晚将大锅洗净，加满水烧沸，将装满甑的糯米上灶蒸炊，待米变灰褐色，饭熟。

4. 发酵：将炊熟的糯米倒入糖浆桶，让水汽走光，饭温降至 60℃左右时加入麦芽粉，用糖浆充分搅拌均匀。加麦芽粉要适量，加太多则糖太脆，太少则出糖率低。另外加麦芽粉时的饭温是制糖的关键，饭温太高则糖硬不易拉开，饭温太低则糖会变酸。经过 4—5 小时发酵，糖水从麦芽饭中慢慢渗出，最后麦芽会变成粥状。

5. 压榨糖水：将发酵后的麦芽饭加开水拌匀，每百斤糯米加开水 100 斤，装入特制的糖袋，待沥至七成干，把糖袋放在糖拗上，压上糖砧板，放下糖拗冲，套上绞绳，待糖袋中的浆液榨干，松开绞绳，翻动糖袋，再用开水淋，然后再榨，如此反复三次，最后榨下的糖液淡到无糖味即可。

6. 煮汁煎糖：将糖液舀到大糖镬里至八分满，大火烧沸后改用小火加温，防止变焦。待糖液中的水分不断蒸发，变成糖油，此时糖的颜色由黄变黑，俗称"乌糖"。这样煎一镬糖需 4—5 小时。正确判断和掌握糖的浓度及火候是制糖的又一关键。其测定方法有二：一是将糖浆舀起，滴下的糖浆成条状说明糖已煎得恰

1. 传承人吴克英师傅将发酵后的麦芽饭加开水拌匀，装袋后将糖液榨干

2. 从煎好的成糖里挖一块糖油，放在手中快速捏成条

3. 快速拉成直径两厘米左右的糖条放在糖案板上，剪成小段

到好处；二是挖一点糖油放在冷水中，拾起用手一掰即断，说明糖已煎好，即成。

7. 打糖：三眼灶靠边的一口小锅，水被烧沸，汤气弥漫，从煎好的成糖里挖一块糖油（约1斤重），放在手中快速捏成条；一头套在锅边的糖墩头，另一头用糖绞箸套住慢慢拉长，往复十多次，锅里的水汽能使糖保持柔软不变硬，糖油越拉越白，中间形成孔洞，体积越来越大。此时加入芝麻、薄荷油和麻油，再反复拉，然后快速将糖取出，由五个左右帮手快速拉成直径2厘米左右的糖条，放在糖案板上，再剪成一段段6厘米长的糖丝，或一粒粒长度约2厘米的糖节。这时糖渐渐变硬，又松又脆，口感极好。

8. 存放：黄坦糖最怕“过风”。就是说害怕湿气侵入软化，严重时粘成一团。所以成品糖要迅速放到密封的糖担桶或铁皮箱内，并放些番薯粉或爆米花，防止糖变软或粘连，这样可保存2—3个月不变质。

不一样的时代，黄坦糖仍然是一样的工艺，一样的味道。（撰稿：谢鸣 / 图片：文成县非遗保护中心）

温州素面手工制作技艺（龙川索面制作技艺）

27

文成县
2012 年列入第六批温州市非物质文化遗产代表性项目名录

1. 传承人李琴师傅将水和食盐按比例倒入面粉搅拌

2. 将面粉揉成软硬适宜的面团

龙川索面是文成名品，它用上等面粉精制而成，色白、细长而韧，久煮不烂。

索面食用方便，仅需少许油、料酒、葱花调味即成美食，喜甜者可加适量糖，喜咸者也可加鸡蛋、紫菜等，男女老少皆宜，是广大群众喜爱的特色绿色食品。民间凡生日庆寿，必食鸡蛋索面，称“长寿面”；产妇坐月子时，索面、鸡蛋、糯米酒是必不可少的滋补食品。索面又是馈赠佳礼，是定亲、婚嫁、拜年贺节的必备礼品。

龙川索面配料为面粉、水和食盐，三者比例夏季为 100:60:9，冬春季为 100:60:6.5。

做索面的工序十分复杂，要做出一批品质上乘的索面，对原料配比、温度、湿度、时间都有严格的要求。具体制作流程如下：

1. 和面：将面粉、食盐和水按比例在大面钵内充分搅拌均匀，用力揉成软硬适中的面团，发面 1 小时。

2. 揉坯：在案板上轻撒一层番薯粉，将发好的面团分两次在案板上用面杖压成厚约 3 厘米的面饼，用刀从外向内呈螺旋状切开，用双手在案板上搓成直径约 2 厘米的圆条，螺旋状一层层盘到盂头内，再发面约 1 小时，再次将其搓成约笔管粗，粗细均匀，盘至另一个盂头内，继续发面。搓面时案板上和盂头内都要轻撒少量番薯粉，防止面条粘连。

3. 上架：将两根面箸插在 L 形小面架上端小孔中，间距约 15 厘米，将盂头内发好的面按 8 字形均匀地绕到面箸上，面竹一上一下放到小面柜内，盖上面席继续发面，再均匀地用力将面轻轻拉长，转放到大面柜中，盖好面席。

4. 晾晒：将面柜内发好的面拿到晒场。

5. 收贮：索面晾晒至基本干燥时，收下放到案板上，用手将面摘下，盘成 8 字形，每绞约重三两半。

龙川索面品质优良，是文成人民勤劳和智慧的结晶。过去，龙川索面市场广阔，经济效益十分可观，除供应本县城乡外，在周边的温州、瑞安、平阳等地大为畅销，改革开放后在上海、杭州、广州等许多大中城市也颇受欢迎，甚至还远销海外。（撰稿：谢鸣 / 图片：文成县非遗保护中心）

3. 将发酵好的面团搓成大条，盘绕到大盆内继续发酵

4. 将发好的面呈 8 字形均匀地环绕到面箸

5. 将面条拉成长 1.8 米左右、粗细均匀的细面条，并晾晒干燥

文成糖金杏制作技艺

28

文成县
2014 年列入第八批温州市非物质文化遗产代表性项目名录

糖金杏是将白糖染成红色，煎成浓汁，然后用模具压出石榴形状，冷却而成的一种婚嫁、祭祀礼仪饰品，在文成县主要流布于公阳、大峃一带，公阳叶氏制作糖金杏的历史有一百余年。

“金杏”意为石榴，据说，吴越王钱镠时，

1. 将木制的四片石榴形模具扎紧，拼合成桶

2. 把白糖放入锅内，加温融化

3. 添加可食用红色素并搅拌均匀

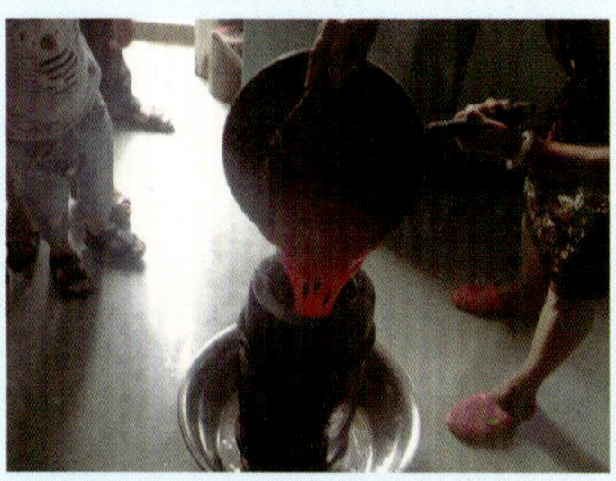

4. 将糖液倒入模具

5. 待冷却至角、边成固体后，掏出中心的糖液

糖金杏模具

因“榴”和“镠”谐音易犯国讳，故改“石榴”为“金樱”。在发音时，方言“樱”字读音与“杏”相同，故把石榴叫作“金杏”。

“囡儿出嫁要分糖金杏”是文成的一项特色民俗。在现代婚礼上，文成人在结婚分糖果时都带上糖金杏，以象征甜蜜、兴旺、吉祥如意。糖金杏分大、中、小三种，大型的重七八斤，中型的也有五六斤，小型的仅重几两。“送日”时，男方用“方盛”（即盛物方柜）将糖金杏送到女家，一般是大的送一个，要插上彩色绒球，用玻璃匣子装好，摆在新房中；小的则视女家亲友多少而定，有多少亲友，就送多少个，寓意新婚夫妇婚后如石榴般多子多孙，幸福美满。

糖金杏成品

在偏远的山区，或者传统习俗保留较好的地区，糖金杏作为唯一供品，在女子出嫁行开眉礼（新娘结婚头一日，请夫妻双全多子女的妇女，以两条线互相绞合，为新娘拔除脸上汗毛）时使用。有时也用于祠堂、村社祭祀等传统活动中。

相较于一些制作工艺比较烦琐，传承人需要长年累月勤学苦练的传统技艺，糖金杏的制作流程比较简单易学，只要掌握好火候，几乎可以算是“一日出师”。这使得糖金杏制作这门手艺能够更为广泛地流传开来。首先，将木制的四片石榴形模具扎紧，拼合成桶，上箍；随后，把白糖放入锅内，上炉加温熔化，煎成一定浓度，加入红色食用色素拌匀；接着将糖液倒入模具，冷却至糖金杏角、边成固体后，掏出糖金杏中心的糖液，使之空心，等糖液完全冷却凝固后脱箍，拆开模具便成艳红的糖金杏。

糖金杏作为一种婚嫁礼仪饰品流传下来，象征甜蜜、兴旺、吉祥如意，反映了人们美好的心愿和人际关系上的和谐，带有浓厚的民俗性。没有“嫁女儿要分糖金杏”的婚嫁习俗，糖金杏制作工艺便失去了载体，可以说，是传统习俗的沿袭，带动了制作工艺的传承与发展。

但是，随着时代的发展，现代人结婚更多地趋向于举办西式婚礼，具有浓厚民俗色彩的旧式婚礼被贴上了“老土”的标签。旧式婚礼被西式的婚礼所取代，糖金杏也便失去了用武之地，糖金杏制作工艺也随之没落。（撰稿：谢鸣／图片：文成县非遗保护中心）

文成竹窨制茶技艺

29

文成县
2014 年列入第八批温州市非物质文化遗产代表性项目名录

文成竹窨制茶，又称“伯温贡红茶”，是文成县特有的一种传统红茶加工技艺，用料讲究，工序精细。

文成竹窨制茶技艺始于元明，几百年来均沿用传统的地方制茶技艺，历史悠久。早在明洪武年间，武阳（浙江文成南田）采制的茶叶因其制作工艺独特，品质上乘，被列为贡品。明初刘基《多能鄙事 · 卷三 · 茶汤法》中就有关于酥签茶调制方法的记载：“好酥于银石器内熔化，倾入红茶末搅匀。旋旋添汤，搅成稀膏。散在盏内，却以汤侵供之。茶于酥相客多少，用但酥多方为佳。四时皆用汤造，冬月造正风炉上。” 这是中国现存最早记载红茶的典籍。20 世纪 90 年代，文成竹窨制茶经过了系统的研制和开发，有了“伯温贡红茶”这个全新的名字。该茶集刘基文化底蕴、天然绿色原料、传统加工工艺和现代高新科技于一体，具有外形美观、色泽嫩绿、香气清雅、滋味鲜醇等特点，产品推向市场后深受消费者青睐。

伯温贡红茶属于小种红茶，是文成产区内品种茶树上采摘的新芽、嫩叶、嫩茎，采用红茶初制和精制的传统工艺加工制成的红茶。其制法除了有普通红茶的萎凋、揉捻、发酵、干燥四个工序外，还有自己独特的工艺，那就是多了一道关键工序——竹窨。

1. 萎凋。萎凋是红茶初制的第一道工序，指鲜叶经过一段时间失水，使硬脆的梗叶呈萎蔫凋谢状态的过程。经过萎凋，叶片适当蒸发水分，变得柔软，韧性增强，便于造形，青草味消失，茶叶清香欲现。萎凋方法有自然萎凋和萎凋槽萎凋两种。自然萎凋即将茶叶薄摊在室内或室外阳光不太强处，搁放一定的时间。萎凋槽萎凋是将鲜叶置于通气槽体中，通以热空气，以加速萎凋过程，这是目前普遍使用的萎凋方法。

2. 揉捻。茶叶在揉捻过程中成形并增进色香味浓度，同时，由于叶细胞被破坏，茶叶在酶的作用下进行必要的氧化，利于发酵顺利进行。

3. 发酵。发酵是红茶制作的独特阶段，在这个过程中，叶色由绿变红，形成红茶红叶、红汤的特点。目前普遍使用发酵机控制温度和时间进行发酵。发酵适度，嫩叶色泽红润，老叶红里泛青，青草气消失，具有熟果香。

4. 干燥。干燥是将发酵好的茶坯，采用高温烘焙，迅速蒸发水分，达到保持干度的过程。其目的有三：利用高温迅速钝化酶的活性，停止发酵；蒸发水分，缩小体积，固定外形，保持干度以防霉变；散发大部分低沸点青草气味，激化并保留高沸点芳香物质，使茶叶获得红茶特有的甜香。

5. 竹窨。用竹筒熏制是制造伯温贡红茶的关键工序。将青翠新鲜的毛竹，锯成一个个竹筒，装满烘焙过的茶胚，密封，用木炭窨熔复火。经过竹窨，竹子中的清香渗入茶中，使红茶带有翠竹的清香，茶香清新宜人，茶味清爽可口。呷上一口在嘴里，让饮者仿佛置身于竹林中，看得见满目苍绿，青翠欲滴，听得见鸟啼虫鸣，竹叶随风吟唱。

文成竹窨制茶技艺由于工序独特，制作烦琐，过去，只在家境殷实的大户人家代代相传。传承主要有两种形式：一是家庭作坊生产，以代相传；二是大户人家雇佣人员生产，以师徒相传。现在，一般的家庭作坊就可以制茶，有的留作自饮，大多数则是送到工厂里面进行包装加工，用来销售。经过精美包装的伯温贡红茶，既有保健功效，又显得上档次，是礼尚往来的佳品。

中国有着历史悠久、底蕴深厚的茶文化，文成竹窨制茶技艺与传统制茶技艺一脉相承，对中国茶文化的传承延续和发扬光大有着重要意义。文成伯温贡红茶，借刘基之盛名，扩大了品牌影响力，不仅带动了地方经济的发展，更提升了文成的文化品位。随着品牌的推广，越来越多的人爱上了这种纯手工、原生态、可清心的茶。（撰稿：谢鸣／图片：文成县非遗保护中心）

平和九龙山茶园

摊青

传承人蔡永游师傅手工炒茶

黄汤茶制作技艺

30

平阳县
2012 年列入第六批温州市非物质文化遗产代表性项目名录

平阳黄汤，又称“温州黄汤”，为轻发酵茶，属黄茶中的黄小茶，产于浙南平阳、瑞安、泰顺、永嘉等县市，品质以平阳南雁荡山地区所产为最好，是中国四大传统黄茶之一。因茶汤为纯黄色而得名。清乾隆年间，平阳黄汤问世，是黄茶中的珍品，以独特的品质深受朝廷青睐，被列为贡品。一直到光绪、宣统年间，平阳黄汤茶仍作为贡品进奉朝廷。产品最明显的特色是茶汤为纯黄色，且透明清亮，汤面没有夹杂绿色环。

平阳气候温暖湿润，雨水充沛，四季分明，属亚热带季风气候，植被丰富，土壤肥沃，极宜茶树种植，是浙江省老茶区之一，被《浙江省茶叶区划》列为本省茶叶生产最适宜区。清乾隆年间，平阳盛产茶叶，当时茶场设备简单，绿茶在杀青或揉捻后不能及时烘干，便使揉捻叶长时间闷堆再进行烘干，某次产品运到天津、营口等地销售，因其刺激性减弱，滋味醇厚，反而更受顾客喜爱，平阳茶商敏锐地发现这一情况，得到启发，经过多次实践创制了平阳黄汤。后来泰顺、永嘉、瑞安等县也纷纷学制，因产品大都通过平阳茶商收购装箱外销，故商品名为“平阳黄汤”。

从此平阳黄汤全国闻名，每年有千余担销往天津、北京、营口、上海等大城市，民国时期，还远销国外。平阳黄汤二十世纪五六十年代还有少量生产，60 年代后逐渐停止生产，1982 年恢复生产，1984 年评为浙江省二类名茶。近年

平阳黄汤茶叶

揉捻

来，平阳县农业局和有关企业合作，结合品种特性，对平阳黄汤茶传统制作技艺进行进一步完善，并获成功，获2011、2012年温州名优早茶评比金奖，深受广大消费者青睐。平阳黄汤于2013年被列为中国四大传统黄茶之一，与君山银针、蒙顶黄芽、霍山黄芽并称当今中国四大黄茶品牌；2014年5月，获得国家农产品地理标志保护登记；2016年12月，通过国家工商总局地理标志证明商标核准注册；2018年获“中华文化名茶”“浙江区域名牌农产品”等荣誉称号；2020年9月，入选国际慢食“美味方舟”食材保护名录。

平阳黄汤制作原料讲究，工艺繁杂，产品特色明显。鲜叶原料来自高山生态茶园，清明前采摘，采摘标准为一芽一叶或一芽二叶初展，要求大小匀齐一致。制作分摊青、杀青、揉捻、闷黄、毛火烘焙、复闷、复烘、干燥、成茶九道工序，耗时48—72小时。后期干燥采取“闷烘”结合的方式，促进茶叶黄变，直至足干。平阳黄汤在黄茶系列中，以闷黄次数多、时间长而著称。产品外形细紧纤秀匀整、色泽黄绿显毫、汤色杏黄清亮、香气香高持久、滋味甘醇爽口，不添加任何化学物质，是纯天然健康饮品。

平阳黄汤茶秉承传统工艺，执行采摘标准，产品细嫩稳定，香气持久，滋味甘醇，以“干茶显黄、汤色杏黄、叶底嫩黄、嫩玉米香”三黄一香而著称，被誉为“杯中黄金”。（撰稿：谢前途／图片：钟德峰）

杀青

摊青

平阳金氏鸡毫笔制作技艺

31

平阳县

2016 年列入第十批温州市非物质文化遗产代表性项目名录

鸡毫笔成品

平阳金氏制作的鸡毫笔，以细毛鸡（白毛乌骨鸡）的鸡毛为原料，经特殊加工制作而成，又叫鸡毛笔、鸡绒笔、鸡颖，古已有之。早在东晋时期，王羲之《笔经》中就记载："岭外少兔，以鸡毛作笔，亦妙。"

鸡毫笔制作流程，包括对收集的鸡毛进行剔选、漂洗，然后对处理后的鸡毛根据材质、长短进行一一选取，而后捆扎、齐锋、平根，最后装入合适的笔杆，成为一管适宜书画的鸡毫笔。制作的工具有水槽、镊子、线、胶、刀、剪子、毛笔笔杆等。

以鸡毛制作的鸡毫笔，因鸡毛性极软，相较于狼毫、紫毫、羊毫等毛笔，更加难以驾驭，使用者需有一定的功底。其特点是笔锋一着墨，就像一个吸足墨水的棉花球，笔软如棉团，具有濡墨快、行笔顺畅的特点，能起到其他毛笔所达不到的效果。用它写字，笔势奇宕，字迹丰满。用它创作的书法作品，苍劲有力，婀娜多姿。

金氏制笔自金辛西先生开始，历经三代，已有近百年历史。金辛西，平阳县昆阳人，早年与本邑名士陈仲彬友善，而仲彬善用鸡毛制笔，金辛西经仲彬亲授，掌握了用鸡毫制作毛笔的方法。之后他常将亲手制作的鸡毫笔赠送给好友张鹏翼。张鹏翼自此用鸡毫作书，终成大家。金辛西制作的鸡毫笔，采用普通鸡毛，加以剔选，做工精细。后其子金昭明改进了制作方法，主要采用细毛鸡的毛制成鸡毫笔，被张鹏翼称赞“尤胜乃父”，后来又被平阳书法名家吴招廉先生称为“笔之上乘”。如今第三代传人金承远得其父亲金昭明亲传，为广大书法爱好者制作优质鸡毫笔。

金氏制作的鸡毫笔具有性软、锋长、耐用的特点，其制作采用我国传统的独特制笔技艺。用金氏鸡毫笔创作的书法作品别有个性，它所形成飞白、流丝的艺术效果，用其他书写工具很难达到，同时鸡毫笔的耐用程度是其他毛笔的五六倍。因此平阳金氏鸡毫笔制作技艺具有很高的艺术、经济、历史价值，对研究我国书法艺术及民间传统工艺有重要参考作用。（撰稿、图片：金承远）

1. 挑选鸡毛

2. 漂洗

3. 捆扎

4. 待装入笔杆

平阳酿醋技艺

32

平阳县

2014 年列入第七批温州市非物质文化遗产代表性项目名录

平阳酿醋技艺历史悠久，近代以万全练川缪茂松一家闻名，已传承四代 100 多年。1912 年陈景孝在万全练川鲍垟村，根据祖上传下的《皇家酿造法》，酿造醋和黄酒，产品销售给本地乡亲和瑞安马道的恒丰酱园。之后，陈景孝与女婿缪志光经历了入股平阳味和酱园，创办五丰酱园，在国营平阳大联酱油厂、平阳县国营酿造厂、国营海带场酿造厂当技术工人的人生。1982 年第三代传人缪茂松在练川周垟以个体户名义开办酿醋厂，取名“平阳县万全练川醋厂”，产品以“醋香醇洌、酸而不涩、口感醇厚、回味香浓”的特点得到消费者青睐；1997 年申请“茂松”牌商标后，产品大量走出平阳，打开周边市场。

平阳酿醋技艺传人缪志光和缪茂松在一起把关

平阳酿醋技艺主要流程有：把摊凉的米饭倒入加了水的米曲中；把米曲和米饭搅拌均匀，进行 10 天左右的第一次发酵；把一次发酵后的酒精胚拌入砻糠、米糠进行第二次发酵；拌好胚后每天早晚进行浇淋；每缸醋每天进行醋酸检测；经过 20 多天发酵形成醋酸后出胚；用留下来的醋水冲淋醋胚；醋产品在大锅中消毒等。共有 10 多道工序。茂松香醋采用传统技艺生产，靠天然菌种自然发酵酿造，周期长，具有浓厚的乡土气息。

把一次发酵后的酒精胚拌入砻糠、米糠进行第二次发酵

如今，平阳县万全练川醋厂是首批通过国家 QS 食品安全认证的企业，随着占地面积

6000多平方米的标准新厂房投入使用，年产“茂松香醋”和“酸又鲜”米醋2000多吨。产品销往全国各地，并被华侨带到法国、英国、德国、南非等国家和地区。它是目前平阳唯一的醋厂，在温州地区享有盛誉。平阳酿醋技艺极具历史、人文、艺术价值，对研究平阳民间手工艺的发展和演变有重要借鉴作用。（撰稿：李洋洋 缪继倾／图片：缪继倾）

拌好胚后要在每天早晚进行浇淋

用上一次留下来的醋水冲淋醋胚

五十丈粉干制作技艺

33

平阳县
2011 年列入第二批温州市非物质文化遗产代表性项目名录扩展项目

五十丈粉干制作技艺是平阳县南雁镇五十丈村的一项传统技艺，可追溯的历史有 300 多年。该村地处国家级风景名胜区南雁荡山南面，有碧海天城、石狗山、雁池等景点，满山竹林，古树参天，是个有名的古村落，东临岳溪，山泉水清洌甘甜。五十丈细粉干在温州叫平阳细粉干，在平阳叫南雁粉干，当地凡有宴席必有五十丈细粉干，是馈赠亲友的首选土特产。

五十丈细粉干秉承传统，以细、韧、白出名，在加工过程中没有加入食品添加剂，是纯粮制

拍粉干

溪边晒粉干

品。之所以品质好，是因为选用优质稻米，以优质山泉水浸洗，反复蒸煮，健康又环保。煮之汤清不浑，炒之口感柔、软、爽滑，又有嚼劲。“前山后山，中间一块沙石滩，人多田少日夜做粉干。”五十丈村东西两面环山，中间是鹅卵石滩，石滩两边是清澈的小溪，东北风沿溪滩而上，为干燥粉干提供了得天独厚的条件。这也正是会做细粉干的先祖们在此安居的原因。五十丈细粉干历经百年，经过不断地改良创新，丝细如发，色泽白皙，容易烹调入味，风味独特。在温州用平阳炒粉干做招牌的店很多，而炒粉干最好的原材料就是五十丈细粉干。

如今许多地方的粉干大多用机器生产，而五十丈细粉干一直保持着手工制作，其生产工序主要有泡米、水磨、沥干、发酵、碾生糕、折块、蒸糕、碾熟糕、挤丝、盘团、蒸粉、切丝、松丝、团铺、日晒风干、包装入库，用到的传统器具有泡米桶、粉干镜、簸箕、蒸屉、蒸灶、晾架等。由于手工制作，村民们起早贪黑，劳动强度大，利润低，现在从事五十丈粉干制作的家庭已不多。五十丈细粉干极具历史价值、人文价值，对研究平阳民间手工艺的发展有借鉴作用。（撰稿：郑金开 / 图片：平阳县非遗保护中心）

桥墩月饼制作技艺

34

苍南县

2012 年列入第四批浙江省非物质文化遗产代表性项目名录

传统地方美食和小吃源于民间，代代相承并创新，生活趣意中夹杂着浓厚的乡土气息，是离民众生活最近的共有、共享的食品。

桥墩月饼是苍南地方名特产品，也是温州小吃的重要组成部分之一。每年中秋节前赶制、销售，时令性强。因价廉物美，风味独特，尤受浙南及周边民众的喜爱。

桥墩月饼成品

桥墩月饼旧称“肉饼”“中秋饼”，属潮式月饼。馅料有猪脊膘肉、桂圆肉、蜜枣、青葱、冬瓜条、炒花生仁、芝麻等十几种，现在还会根据消费者需求添加咸鸭蛋黄、肉松、蔓越莓等。制作时运用了擀、包、卷、切、捏等手法，有和面、配料、拌料、擀皮、包馅、压制、焙烤等十几道工序。桥墩月饼皮脆馅滑，松酥利口，芝香扑鼻，融合了福建、广东、浙南三地食风，造型、色泽、口感都展现出地道的民间风味。

新中国成立后，桥墩镇个体手工作坊并入供销合作社糕饼加工场。十一届三中全会后，糕饼加工场解散，糕饼师傅们纷纷自立门户，个体糕饼加工业亦热腾起来。

桥墩月饼形似一轮满月，色泽金黄，造型硕大厚实，皮薄馅多，双面覆有芝麻，不仅给人口腹之怡，又能赋予人审美的情趣，在潜移

桥墩月饼的馅料

师傅们在包馅

粘着芝麻

焙烤出炉

默化中吸引人们欣赏美、理解美、创造美。

中秋夜，家人搬出桌椅，把又大又圆的月饼放入竹筛中，周围插上香烛，再摆上各种时令鲜果来“祭月”。皓月当空，欢声笑语中全家围坐着赏月。此时，月圆、果圆、饼圆、人团圆，人们总是借助各种具象来表达同一个心愿。入夜了，月亮渐渐隐去，撤去香烛，家中长者将月饼按人数切分成块，每人品尝到的这一块月饼，述尽了月满人团圆的美好愿望。

桥墩月饼是百年来民间长盛不衰的中秋食品，人们用它祭月，用它赠送亲友，将祝愿寓于美食之中。此时，月饼已幻化成文化因子，是中秋的一个象征符号。

如今，改良了配方，创新了制法，新增了口味的桥墩月饼，也走上了产业化道路。“丁源兴”“林淑盛”“桥墩门”等大大小小的月饼厂家，也在原有基础上，开设特色连锁店，并通过电商平台、直播平台把桥墩月饼卖到全国各地，甚至国外。据了解，苍南县桥墩镇现有月饼生产经营单位和个人160余家，从业人员3000多人，年产值超2亿元。（撰稿：苍南县非遗保护中心／图片：刘德源 温州市丁源兴股份有限公司）

肉燕制作技艺

35

苍南县
2023 年列入第六批浙江省非物质文化遗产代表性项目名录

肉燕又称“太平燕”，据说名字由宋高宗亲赐，有平安、兴旺、美满的寓意。明朝末年，为避战乱，大量福建移民涌入浙南，肉燕制作技艺亦随之传入，并与浙南饮食文化交融，形成了具有矾山特色的传统小吃。

“世界矾都”矾山镇是浙南历史最悠久的矿山集镇。“肉燕”是矿工生活和浙闽饮食文化交融的产物，是矾文化的衍生。作为当地代表性美食，“肉燕”是讲好矾矿故事，温暖几代人记忆最直接的情感纽带。

矾山肉燕，圆头散尾形似飞燕，“肉包肉”是其一大特色。肉燕美味与否，燕皮是关键。精选上好的本地猪后腿头刀精肉，趁肉有余温马上切块，剔筋去膜后，用木槌反复捶打约 40 分钟，直至肉成浆泥状，把捶打好的肉浆和本地番薯粉进行充分搅拌、融合，经揉、推、压、拍、碾、折而制成燕皮。一张上等的燕皮成型需耗费两个多小时，制作过程中要根据天气的变化而不断调整棍压与手拍力度，这样燕皮才能舒张自如，特别考验手艺人的技艺和耐力。拿一张薄如纸的燕皮，再取猪肉作馅包入其中，捏成燕子状，一个“展翅欲飞”的肉燕就制作完成了。

矾山“肉燕”皮薄馅大，放入沸水锅中，用旺火煮熟，捞起，盛在汤碗里，加滴香醋，适量胡椒粉，再撒上香菜末，一端过来就香气四溢。透明的皮裹着葱头爆香过的肉馅，舀一勺入口，皮是脆滑的，馅是柔韧的，味是鲜香的。

从前，肉燕行业基本处于低、小、散状态，知名度不高，生产条件参差不齐。为打破瓶颈，推动矾山肉燕向规模化、品牌化发展，在各级政府部门的支持下，肉燕传承群体以成立矾山肉燕协会，建立肉燕小微产业园，开设肉燕制作技艺培训等形式，培育地方名小吃产业，助力乡村振兴，带领村民致富共富。

随着产业的不断壮大，苍南县目前已有在册生产、经营、销售肉燕产品的企业和个体工商户 100 多家，从业人员 3000 余人，涌现出：“为唐公”“矿上人家”“吉好家”“达记”等知名品牌。它们代表“矾山肉燕”这项地方名小吃，受邀参加各级各类各届博览会，获得国家级金奖 3 个，省级金奖 5 个，捧回全国名特优新农产品、浙江十大名小吃、浙江农家特色小吃百强等十余项荣誉，矾山肉燕从此声名鹊起。于是，各大企业纷纷通过入驻超市专柜、开设连锁店等方式让肉燕走出苍南，还开通线上销售渠道，把产品销往全国各地，年产值超 1.5 亿元。肉燕产业也刺激了当地红薯种植、本地猪养殖、微商等上下游产业链，带动数千村民致富。中央电视台、学习强国等主流媒体和平台对此均有专题报道。

近十几年来，矾山镇一直走“文化立镇、

1. 代表性传承人朱师勤在打燕皮

2. 擀燕皮

3. 切燕皮

4. 捶肉

5. 包馅

6. 肉燕成品

7. 一碗热气腾腾的肉燕

旅游兴镇”发展全域旅游之路，先后被命名为“浙江省历史文化名镇”“省旅游风情小镇”“省非遗主题小镇”，矾山矾矿遗址也被列为国家工业遗产和全国重点文物保护单位。“非遗＋文物”的模式使文旅融合有了充足的资源，“文化遗产”是矾山绕不开的四个字。福德湾古村是中国传统村落、中国历史文化名村、全国乡村旅游重点村，龙头企业“为唐公”肉燕的旗舰店和体验馆便坐落于此。游客来到福德湾，必要品尝一碗热气腾腾的肉燕，这里已然成为古村落的网红打卡地之一。技艺展示、现场品尝、研学体验、衍生品开发、技能培训、校企合作、宣传销售，这家非遗体验馆将“非遗＋产学研”“非遗＋乡村振兴”模式做得风生水起，每年接待游客和研学活动不少于 2000 人次，培养肉燕实用人才 200 多名，使灵活就业农户月增收 2000—4000 元不等，先后被评为市非遗体验基地、市特色文旅消费示范点和市乡村振兴合作创业培训基地。（撰稿：苍南县非遗保护中心 / 图片：董希泽 温州为唐公餐饮管理有限公司）

传统绷鼓制作技艺

36

泰顺县
2009 年列入第二批温州市非物质文化遗产代表性项目名录
扩展项目

削木板

蒙鼓皮

泰顺民间制鼓技艺以雪溪和东溪两地为代表，制品销往本县各地和福建等地。

鼓面皮革分为山羊皮和牛皮两种，山羊皮音质最佳，但韧度没有牛皮好，牛皮又分水牛皮和黄牛皮两种，黄牛皮毛孔细密，水牛皮毛孔较粗，所以黄牛皮为佳。雪溪乡柳溪艺人一般采用牛皮制作鼓面。绷鼓面是关键技术。先在皮革周围穿孔，每个孔捆上绳子，另一绳端系在绞架上，慢慢拉紧，固定一段时间。其间要求通风良好，气温适宜，不能暴晒。如果是干燥的北风天，还要在鼓面上抹水。放置一定时间后，还需要在鼓面赤脚踩踏，使皮革更加柔软而结实。其间同步进行调音，如果声音太紧或太松，就相应调节绳子的松紧度。

待鼓体定音后，沿鼓面边沿钉上一排竹制的鼓钉。鼓钉用竹削成，形状和颜色很像葵花子。别看鼓钉小，制作却颇有讲究，每颗鼓钉均削 12 刀而成，这个数字代表十二地支。钉鼓钉工序完成后，便可去掉绞绳，一面鼓的制作就算基本完成。最后的工序是在鼓面上画上八卦或其他图案，有的还要在鼓面上用毛笔写上“国泰民安”“风调雨顺”“吉祥如意”等字。

根据民间制鼓艺人的讲述，清朝末年本县东溪乡蔡宅村的蔡同兴首先从江西学得绷鼓制作技艺。蔡同兴一生只收过一名徒弟，是本乡东溪仔村人。后来柳溪村的刘方茂又师从东溪

钉鼓钉

仔村那位师傅学得手艺，成为柳溪村第一代手艺人。自从刘方茂学得手艺后，同村多人跟从他学习制鼓，使柳溪村成为名盛一方的制鼓名村。胡昌町 20 岁时跟随吴久允学制鼓手艺，两年后学成，开始独自前往闽东一带闯荡，先后在福鼎、福安、霞浦、柘荣等地走村串户，收揽业务。多年以后，他技艺大增，于是正式选择在家乡柳溪家中制鼓。

胡昌町做过最大的鼓是为福建霞浦一家寺院定制的，直径达 2 米，整整用了两张大牛皮。2009 年 5 月，当五六位壮汉将这墩 200 多千克的大鼓抬出大院时，胡昌町再次名噪浙闽边界。

2010 年，胡昌町被评为该项目市级代表性传承人。（撰稿：林宗义 陈海平 / 图片：季海波 鲍厚济）

去绞绳

鼓面上的图案和文字

米粉干制作技艺

37

泰顺县
2020 年列入第二批温州市非物质文化遗产代表性项目名录
扩展项目

传承人吴用德在制作粉干

传统米粉干简称“粉干”，在泰顺境内有近千年的制作历史，是泰顺米俗文化大家庭中重要的一员。千百年来，粉干是泰顺百姓喜爱的一种食品，一般由家庭作坊生产。由于当代饮食文化逐步多样化，保留至今的粉干家庭生产作坊少之又少，以家族世代相传的形式传承下来的更是凤毛麟角，罗阳镇东门“吴隆盛”粉干为其中之一。

“吴隆盛”粉干具有久煮不糊、口感软韧细腻的特点，在泰顺及周边誉享百年。其除了在原料选择上比较讲究之外，也十分注重制作工艺，有制作干米浆、蒸炊米粉团、捣练米粉团、制丝、复蒸五道工序。

先将一定量的优质大米装入木桶，再加入山泉水，浸泡 5 小时左右。接着用石磨将浸泡过的米磨成米浆。磨米时一人推拉磨架，一人添加水、米，石磨底下置木桶，木桶中用棉布袋接米浆。完成后，将木桶中的棉布袋扎紧，压上重物，使水分缓缓挤出，最后剩下干米浆。接着，取出干米浆，将其放置在平整米筛上，揉成圆柱形，直径 10—12 厘米，长度 15 厘米左右。接着将圆柱形干米浆放入蒸笼蒸炊，约 2 小时，半熟即可。千万不能蒸炊过度，否则会增加下一步制作难度，也会影响成品质量。至此，米粉干的半成品完成。

磨浆

在半熟米粉团热气散尽前，将其放入清洁

米粉捣团

擀面团

过的踏碓槽。二人踩踏，一人按踩踏节奏翻转槽中的米粉团。该工序非常重要，捣练要到位，不然做出的成品会柔韧不足。将捣练完毕的米粉团置入木制压丝机，二人绞机，一人接丝。米粉团经过强力挤压，通过特制的金属网孔，变成束状的米线。这时的米线还不是成品，还需要经过复蒸这道工序。将束状米线盘到蒸笼中，蒸炊 2 小时左右，出笼，即为粉干成品。如要长时间放置，需要将复蒸出笼的粉干用手弄散，然后晾干。

罗阳镇东内村吴道崇，于清同治年间创设“吴隆盛”粉干作坊，传至吴用德，为第四代传人。“吴隆盛”粉干有近 150 年的历史。现在吴用德年过古稀，已将技艺传至其孙辈。（撰稿：林宗义 / 图片：陈圣格）

成品

红曲传统制作技艺（乌衣红曲）

38

泰顺县
2012 年列入第四批浙江省非物质文化遗产代表性项目名录

筱村镇徐岙底村采用传统手法制作的乌衣红曲，皮黑质丹，闻名浙闽，是泰顺红曲的佼佼者。

根据民间谱牒资料记载，徐岙底乌衣红曲制作技艺距今已有上千年的历史。泰顺吴氏先祖吴畦于唐末从祖地山阴（绍兴）徙居库村时，带来的红曲制作技艺，在徐岙底吴氏家族之中传承至今。明崇祯《泰顺县志》载：“然至十月，则家无不酿，谓之大冬酒，故有极陈美酒。”清后期至民国时期，徐岙底红曲生意最好，有曲窑 100 多条，几乎家家户户都做红曲。清《泰顺分疆录》载，徐岙底村“家户皆曲，时各地商贾竞购，挑担脚夫辑岭头耳”。

制作乌衣红曲最佳时间是农历二、三月和八、九月，制作时间较长。第一步是浸泡，将选好的质硬形圆的杂交陈米（或糯米）加水浸泡一夜，然后取出，将水沥干。接着，将浸泡过的大米用饭甑蒸到八成熟，取出倒于大箩内晾晒，其间用木耙翻动几次，使其均匀散热。当米饭温度下降到 37℃左右时，把米饭收拢成堆，按比例撒入醇头，倒入糟娘，拌匀。

制作乌衣红曲最重要的步骤是发酵，一般要经过多次发酵。第一次是密封发酵，即将拌有糟娘的米饭密封严实后置于曲窑中发酵。18

乌衣红曲成品

发酵

至22小时后，将初步发酵的大米倒在窑地上拌匀，再堆成小山状，发酵8小时左右，这是第二次发酵。当饭粒表层颜色发生变化时，用木耙将其耘薄，隔夜后翻动一次，之后每隔8小时翻动一次，两三天过后米饭被红衣包裹至八九分成色，意味着第三次发酵结束，大米也逐渐变为曲种。

上述工序结束后，用箩筐将曲种装好，放入水池，把箩筐浸入大水桶中，吸足水分后沥干，再倒地堆成小山状，发酵到一定温度后摊薄。24小时后重复上述步骤。约6个小时后，米曲开始起毛，再发酵一天，这是第四次发酵。当米曲表层由灰白色过渡到红色再转变为黑色后，将其铺开散于地面。待米曲有一定的吸附力后，重新耘一次。之后每隔一天翻动一次，使温差均衡，发酵均匀，以发酵至内外通红无斑点为度，直至出窑。

从米变成曲，整个发酵过程需要十来天时间，然后及时摊铺于竹席内，置于烈日下曝晒，并不时地翻动，使其干度均匀。若逢阴雨天，必须把红曲摊铺于通风处。至此，乌衣红曲大功告成。

用徐岙底乌衣红曲酿制的红酒颜色亮红，口感香醇，略带甜味，是传统佳酿和菜肴佐料。

“红曲传统制作技艺（乌衣红曲）”于2009年被列入《第三批温州市非物质文化遗产保护名录》，2012年被列入《第四批浙江省非物质文化遗产代表性项目名录》。2014年，筱村镇徐岙底村入选该项目市级传承基地。2017年，吴行稔被评为该项目省级代表性传承人。（撰稿、图片：季海波）

晒曲

站窑

温州绿茶制作技艺（泰顺“三杯香”制作技艺）

39

泰顺县
2023 年列入第六批浙江省非物质文化遗产代表性项目名录

泰顺境内云雾弥漫，雨量充沛，气候温和，产茶条件得天独厚，产茶历史悠久。据史料记载，早在明代泰顺茶叶已远销海外市场。清嘉庆年间编纂的《中国名茶志》将泰顺“黄汤”“银针”列入名茶之列。现代茶叶专家品评泰顺茶叶时，有“芽叶肥壮，白毫显露，清汤绿叶，香高味醇”的赞誉。

泰顺传统手工制茶技艺有着几百年的积累，技术臻于成熟，“三杯香”绿茶就是这种手工技术的智慧结晶。“三杯香”绿茶条索细紧，色泽油润，香气清雅，甘甜醇厚，经三次冲泡而香味犹存。

清明前后，茶农从茶树上采摘一芽二叶的茶青。杀青是手工炒制绿茶的第一道工序，也

茶园采茶情景

炒茶

经过杀青、揉捻后的茶叶

是绿茶初制过程中十分关键的一步。杀青有“抛杀”和“闷杀”两种方法。所谓“抛杀”法，就是将茶青倒入高温铁锅后，用双手将茶青不停地上抛，使茶青均匀受热。“抛杀”使茶青的水分迅速散发，所制茶叶香高叶翠。“闷杀”则是将茶青置于锅中，用手轻抄，不断翻滚，但不扬起高抛，使水蒸气少量散发。“闷杀”所制茶叶汤清色匀，但香气稍逊。也有二者结合的“抛闷结合、多抛少闷”的制作技法。

揉捻是绿茶制作的重要工序，分热揉与冷揉两种。热揉是杀青后的叶子不经摊凉，出锅即倒入筐箕，用手掌揉捻。此法适用于老叶制作，因老叶子黏性物质少，纤维素含量高，叶片角质层厚且弹性大，不易揉捻成条，只有趁热揉捻，才能缩短时间，揉成较好的外形。冷揉是茶青杀青后摊凉，等叶温降到一定程度再行揉捻。因为嫩叶纤维素含量少，角质化程度小，弹性也小，并含有较多的黏液，易形成紧结的外形，故一般采用冷揉，以保持良好的色泽和香气。

把揉捻过的茶叶回锅加热炒制，干燥处理后的毛茶含水量在4—6%，达到防止霉变、利于贮藏的要求。干燥处理是绿茶炒制的最后一道工序，处理是否得当与绿茶品质有着密切关系。

1953年，泰顺开始“红改绿”，此后泰顺一直以生产绿茶为主。1996年7月16日，泰顺被命名为“中国茶叶之乡”。2006年，泰顺“三杯香”茶被确定为北京钓鱼台国宾馆特供茶。2010年，泰顺被列为全国重点产茶县和标准茶园创建县。2018年，茶园面积达到8.4万亩，茶叶产量3460吨，产值3.57亿。茶叶成为泰顺的农业主导产业，全县农民三分之一收入来自茶叶。

2014年，吴晓红被评为该项目市级代表性传承人。2014年，仕阳镇、万排村先后入选该项目县级传承基地；2016年，泰顺县雪龙茶叶有限公司入选该项目市级传承基地。（撰稿：鲍厚济／图片：季海波 翁卿忠）

温州小吃（泰顺婆饼）

40

泰顺县
2009年列入第二批温州市非物质文化遗产代表性项目名录
扩展项目

婆饼又名薄饼，是泰顺著名传统风味小吃。相传，明代泰顺县城太平桥一带，有一孤寡老婆婆终身以烙薄饼为业，"婆饼"之名由此而来。

制作婆饼所需工具有平底锅、柴火（或煤气灶）、石碾、小竹筒、"T"形竹片、菜刀等，原料有秋米（单季稻米的一种）、生肥猪肉、鸡蛋、冬笋、香菇、萝卜丝等，馅料可素可荤，可多可少，可随个人口味进行选择。

婆饼制作看起来简单，但实际工序比较复杂。先把秋米泡软，用石碾磨成米浆，待用。将平底锅烧热，舀一小竹筒米浆摊于锅面，再用"T"形竹片从左向右拉转一圈，拉成直径

整形

二三十厘米的饼皮，起边即揭，两张错开五六厘米，为一对饼皮。饼皮薄如蝉翼，不漏，柔韧。饼皮准备好后，再将平底锅加至六七成热，放上两三块小肥肉，覆盖上两对饼皮，用手转动，将油煎出。待皮煎至黄色时上一层馅，在馅上面再覆盖两对皮，然后翻转，再加几块小肥肉，覆盖上两对饼皮，放一层馅料。根据需要，可依照上述程序反复放馅、覆皮，待皮焦馅熟，起锅。最后，趁热用刀背在饼上压出三条印痕，用折纸的方法将饼折叠成长方形，纵切成若干段，即可装盘食用。

制作婆饼时要掌握好火候，同时注意馅料的选择和饼皮的厚薄，一个环节做不到位，都会直接影响婆饼的滋味。为了保证婆饼的纯正口味，最好选用木炭或木柴加热。当今罗阳城关经营婆饼生意的有好几家，其中徐世跃的徐家婆饼广受认同。徐世跃说，该项手艺学自城关垟心街一位专业做婆饼的老人，后来徐世跃和妻子另设炉灶经营至今。如今徐家女儿、女婿、儿媳都掌握了做婆饼的技术，他带出的三个徒弟，也已经在城关的其他地方开店经营。

传统婆饼制作工艺比较复杂，成本较高，因此当代部分宾馆、农家乐或红白喜事宴席，采用类似春卷整体油炸方式制作，这种所谓的婆饼油脂含量较高，无论口感还是营养价值都较传统婆饼逊色不少。（撰稿：庄通 / 图片：鲍厚济）

煎制

温州手工制陶技艺（泰顺手工制陶技艺）

41

泰顺县

2008 年列入第二批温州市非物质文化遗产代表性项目名录

当代泰顺制陶业主要分布在大安乡柳厝、埠尾二村。据宗谱记载，大安乡柳厝村的制陶技术在清朝中期（约嘉庆年间）由江西吴姓师傅传入，当地首位学艺的村民叫柳立枫（清乾隆年间出生）。也许是江西吴师傅对大安这块土地情有独钟，他不顾家乡手艺行业“艺不外传”的旧俗，在大安落下脚后将制陶技艺传授给当地人。

选土

清晚期及民国时期，大安民间制陶业进入鼎盛时期，从业人员最多有数百人，成品销往本县和景宁、庆元、文成、福鼎、柘荣等地。在经济不发达的二十世纪七八十年代，当地村民每月可凭借陶器制作获得 10—20 元的收入。这对当时温饱问题还没有得到完全解决的农民来说，算是高收入了。

拉坯

泰顺（大安）手工陶有瓮、碗、瓢、盆、缸、罐、坛、壶、盘、碗等 30 多个品种，制作需要经过选土、揉泥、拉坯、修整、上釉、烧窑六道工序，每道工序都有严格的要求。制陶对泥土要求很高，而大安大丘坪村的陶土质量最好，色白而性韧，称“白稀泥”，是制陶的上等好泥。陶工们将“白稀泥”挖回家后堆放在屋前备用。揉泥这一道工序不能省，要将“白稀泥”放入浅坑，先用水牛踩踏，再经人踩至细烂。大安手工制陶的特色主要表现在手工拉坯上，使用的工具非常原始，需要用脚加速蹬动转盘，然

制作的土陶坯

后将泥团拉坯成型。对成型的坯胎进行必要的修整后就可以上釉，釉水一般用筱村等地的灌木灰泡制，这样烧制的陶器外表光滑、色泽艳丽。

烧窑是最后一道工序。大安柳厝村窑炉内部分为 18 间，每间两边各有一个窑洞用来添加柴火，一窑炉一次可装金瓶 160 个、咸菜瓮（装 10 千克咸菜，陶匠们称为“全分”）110 个、“半分”（可装 5 千克咸菜）150 个、“三厘瓮”（可装 3 千克咸菜）100 个。

市级传承人杨宗尾制作陶器的场景

大安乡目前年龄最大的制陶者是 80 多岁的周尔经，他从 10 多岁开始从事制陶业至今。他曾带过两个徒弟，如今也有五六十岁，他们最终因为生意差，没能坚持下来。目前柳厝、埠尾两个村里从事制陶业的也只不过四五户，年龄也都在 50 岁至 80 岁。

截至 2021 年，周尔经、蔡桂兰、杨宗尾先后被评为该项目市级代表性传承人。（撰稿：季海波 林宗义 / 图片：季海波）

温州传统铜器制作技艺（泰顺铜艺）

42

泰顺县
2020 年列入第十批温州市非物质文化遗产代表性项目名录
扩展项目

泰顺常用铜制品以酒壶、烧水壶、汤壶、锅具等日用品为主，制作工坊主要集中在罗阳镇、筱村镇、仕阳镇、三魁镇等地，以罗阳镇最有代表性。打制一件铜器的工艺流程十分繁杂，每一件器物都是铜匠智慧和手艺实力的体现，它不但具有实用性，还具有较高的鉴赏与收藏价值。

手工制作一件铜器，首先要选择好材料，铜材必须纯净，硬度要高，耐磨性要好。红铜（也称“紫铜”）因为杂质很少，接近纯铜，韧性、延展性都好，成为工匠制作铜器的首选。

铜匠选好适量的铜材后，先将其熔化，锻造成粗坯，再回火。回火这道工序要多次反复、贯穿铜器制作全过程，每一件铜器都要靠铜匠一锤一锤地反复锻打，在打铜时，还要控制温度，太热或太冷都不能打。接着铜匠依据所要制作

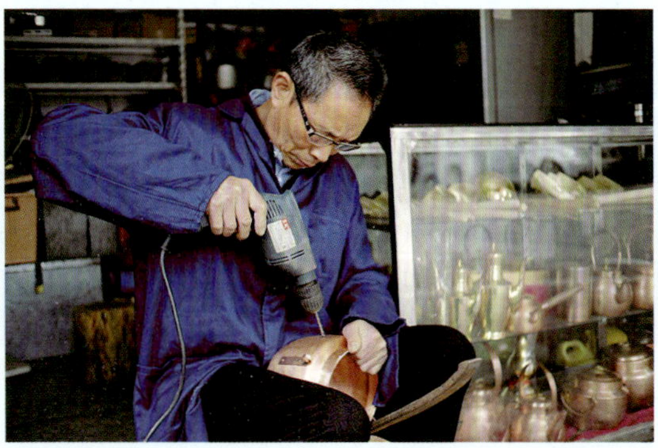

市级传承人吴用城在制作铜壶

将铜片进行锤打、錾刻

的器具形状用榔头将其敲成生坯，再进行打型、精细加工、焊接、清洗抛光等辅助工艺，流程繁复，耗时长。

制作一把纯手工的铜壶一般耗时四五天，其间铜材至少要经过上万次的捶打，这其中凝聚多少工匠的心血！据泰顺罗阳镇吴用城老艺人介绍，打型是最难的工序，因为做铜器没有任何模具，用料多少、弧度大小，全靠匠人的感觉。工匠在最后一道工序中，会在铜器表面敲出均匀有序、精巧细腻的“锤花”。“锤花”的工整、细腻与否可以衡量一位工匠的技术水平。

2021 年，吴用城被评为该项目市级代表性传承人。（撰稿、图片：林宗义）

铜壶

温州竹编（泰顺竹编）

43　泰顺县

2008 年列入第二批温州市非物质文化遗产代表性项目名录

传承人董仁榜的竹编作品

泰顺地处山区，特有的小气候条件为毛竹生长提供了优越的环境，境内毛竹具有茎粗、干直、梢惯、质韧、壁厚、抗性强等优点，用这种竹子加工的各式竹制品深受人们青睐。

泰顺竹编以加工日常生活用品为主，工艺有粗有细。簟、竹床、鸡笼等大件的工艺较粗，桌罩、箩、筛、凉席、提篮、箱子、礼物柜等比较细腻，图案花样非常丰富，有“三十六花

市级传承人王尤原加工竹编

泰顺传统竹篮

拴，七十二圆眼”之说。“花拴”有双龙戏珠、老鸦下洋、猢狲抱柱、三步拴等；“圆眼”有水针花、十字穿钱、天星过月、三洞圆眼等。

竹编上文字和图案的颜色一般分为黑和红两种。编织红色图案时，先要将篾条用红粉染色，编织黑色图案则要将篾条与茶叶一起放在锅中煮，使茶叶汁完全渗入篾条中，以免将来褪色。篾匠使用的“行头篮”就是一件精美的艺术品，外表编织着许多文字和图案。文字有“福禄寿”“喜日立”等；图案一般是“八吉”“四吉”，分别由8个或4个相连的方格组成。“八”和“四”在方言中与“发”和“喜”谐音，含有吉祥寓意。

篾匠制作的竹编质量的优劣全凭个人的手艺。编得快，编得巧，做的样式丰富，本领全靠下苦功夫练就。

当代人普遍使用现代化新工艺生产的各种生活器具，传统的竹编工艺受到严重的冲击，从事该行业的人逐年减少。然而，竹制品生产是环保产业，发展前景良好，很可能在将来形成绿色产业。

2010 年，王尤原被评为该项目市级代表性传承人。（撰稿：鲍厚济 林宗义 / 图片：林宗义）

泰顺竹纸制作技艺

44

泰顺县

2014 年列入第八批温州市非物质文化遗产代表性项目名录

市级传承人翁士格

纸塘

雍正《泰顺县志》记载，泰顺有泗溪牌纸、处牌纸、行移伞纸、皮纸、烧纸等。清代瑞安人林大同的笔记文章称：“温州制纸之乡，今有泰顺之花笺，永嘉之桑皮。”可见，泰顺清代的造纸业在温州地区曾享有很高的知名度。

泰顺制造竹纸的历史始于清康熙年间。康熙二十一年（1682），汀州人罗元森游历泰顺，见里光一带生产毛竹，遂定居下来教村民用嫩竹造纸，里光在清代成为泰顺竹纸制造的产业中心。后来，周边的司前、竹里、黄桥、碑排、岭北等地也引进技术制造花笺纸和毛边纸。

泰顺竹纸在继承我国传统造纸技艺的基础上形成了一整套独具特色的制作技艺，其精髓是“削竹腌浆”。制浆技艺中的“尿液发酵法”和抄制技艺中的“荡帘法”，均为泰顺竹纸生产的重要方法。

竹纸的原材料是嫩竹。春夏之间，匠人从山上砍下嫩竹，将其破成两爿或四爿，碾压成扁平松散状的竹条，放入池塘里浸泡。等竹条腐烂变软，青皮脱落后，取出，掺入石灰，再将其蒸煮至烂。接着，去掉杂质，入水碓，舂臼成泥。再将泥状竹料倒入大木桶或水槽内，加入山泉水、物胶及其他填充物，用木棒搅拌均匀，使纸浆均匀悬于水中。

荡帘是泰顺手工造纸技艺中的关键工序。用竹帘置入大木桶中，轻轻摇荡，纸浆便在竹帘上附上一层薄膜。这时要掌握时间，将竹帘取出，反覆，一张湿纸便脱落于木板上。如此反复，使湿纸叠积几百上千张，然后加木板重压脱水。最后是烘焙，将湿纸逐张扬起，并置于焙笼中焙干，干燥后即为纸张成品。

2020 年，泰顺县思古元纸业有限公司入选该项目县级传承基地。2021 年，翁士格被评为该项目市级代表性传承人。（撰稿：季海波 陈海平 / 图片：翁卿忠）

将湿纸逐张扬起烘焙

第八章 捌 传统医药

马氏中医妇科

一指禅推拿

卧龙风食散（午时茶）

马氏中医妇科

01

市本级

2023 年列入第六批浙江省非物质文化遗产代表性项目名录

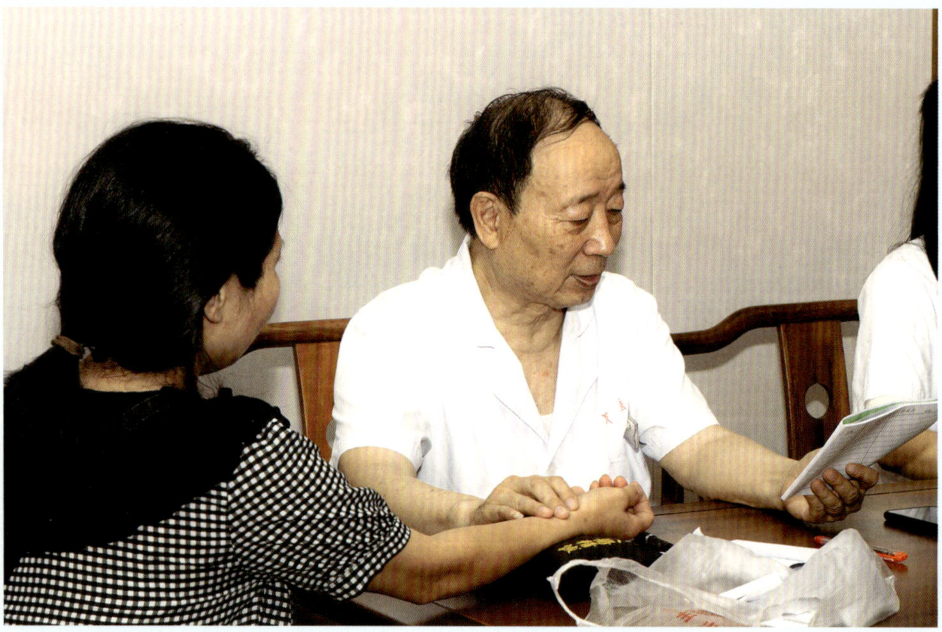

传承人马大正看诊

1644 年，马氏始祖马银潢南迁入浙江南部的温州，当时随身携带一瓷葫芦，内装有宫廷治疗眼疾的秘方。他设摊卖药，药到病除，赢得百姓信赖，开设了一家“马银潢眼药店”，首创了温州眼药业。数代人的经营积累，使其享誉浙南，远销南洋。清代著名本草学家赵学敏在《本草纲目拾遗》中记载：“昔客东瓯，闻马氏点眼药粉为天下第一。”之后马氏世代相传，以制作销售眼药为生，至第十世大房马寿镇一直从事眼科工作，从未间断，马氏家族每代均有坚守传统医学者。第十世四房马寿炯传承医学，在中医妇科领域造诣颇高，从医数十年解除了不少病人的痛苦，诊脉知病，看舌下药，当年不少不孕之妇，经他投药得子，温州的妇科名医刘观夫、陆幹夫等都是他的学生。之后马氏中医妇科世代传承，薪火不断。

最为杰出的代表人物为第十二世马大正。他 1949 年出生于温州，1982 年毕业于浙江中医学院中医系，同年分配至温州市中医院从事中医妇科工作，曾任温州市中医院副院长，1998 年被评为中医妇科主任医师，2006 年担任上海中医药大学硕士生导师，2013 年成为浙江中医药大学博士生导师，是浙江省名中医研究院研究员，中华中医药学会科学技术奖评审专家，国家中医药管理局“十一五”“十二五”重点专科学术带头人，国家中医药管理局“十一五”重点专科不孕不育协作组专家，全国中医学会妇科分会常委，浙江省中医药学会妇科分会副主任委员，温州市中医妇科主任委员。马大正出版专著八部，主编《中医古籍珍本集成 · 妇科卷》，发表文章 110 多篇，享受国务院颁发的政府特殊津贴，获第三、第五届“全国老中医药专家学术经验继承指导老师”和“全国中医妇科名师”称号，并带领建设了一支实力雄厚的温州市中医院中医妇科人才团队，闻名遐迩。他多次赴中国香港、台湾地区，乃至国外如德国进行中医药文化交流活动，极大提高了中国传统医药文化在国际上的认可度。马大正对中医妇产科史的研究及其大型著作《中医妇产科辞典》，填补了国内的研究空白，创立了妇科领域的水血学说，还在中医妇科专科用药、妇科外治法及仲景方剂妇科领域的拓展应用等领域，取得令人瞩目的成果。他在临床上提倡辨证论治，又极力主张对专病专方的研究，擅长医治男女不孕不育症、功能性子宫出血、先兆流产、子宫肌瘤、子宫内膜异位症和其他疑难疾病，创制出生精汤、化精汤、活精汤、助孕汤、固冲汤、清海凉血汤、温肾安胎汤、消癥汤、腺肌汤、克异汤、黛玉解郁汤、抑亢汤、消乳饮、卵巢过度刺激方等方剂。

马氏传统医学具有很高的研究价值和推广价值，尤其是马大正带领的中医妇科团队，代有传人，再创辉煌，为女性的健康、生育，社会家庭的稳定做出了重大贡献。（撰稿、图片：温州市非遗保护中心）

一指禅推拿

02　市本级
2016 年列入第五批浙江省非物质文化遗产代表性项目名录

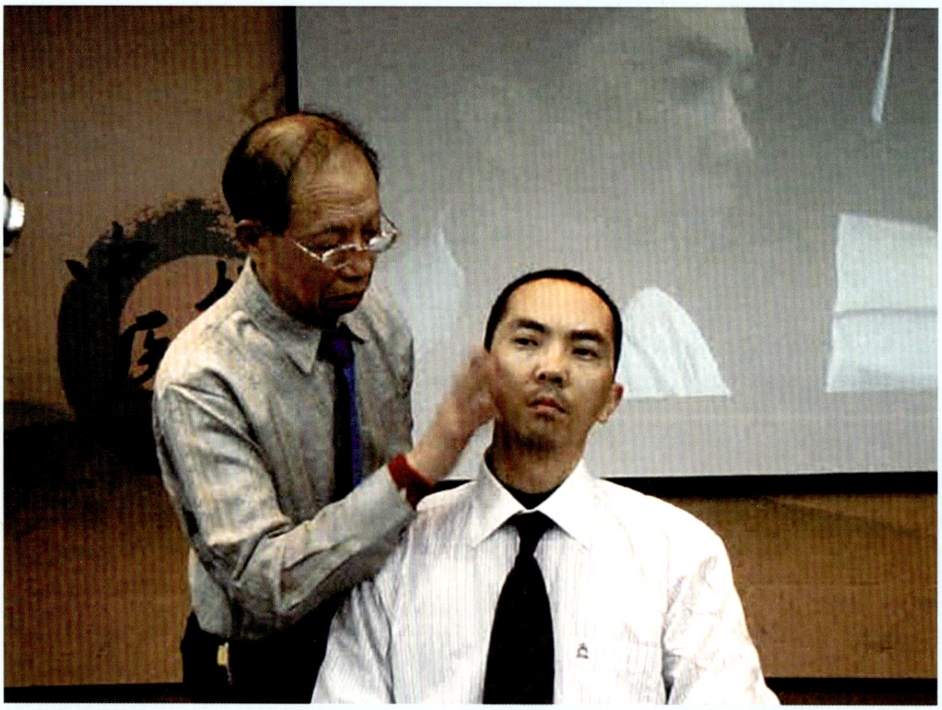

一指禅推拿演示

一指禅推拿是中国近代著名的推拿流派之一，形成于清朝。虽然有一指禅推拿创始于达摩的传说，但据一指禅推拿流派内部口口相传，其有确切记载的历史只能上溯到丁凤山。

丁凤山，原名丁永春，清道光二十七年（1847）出生，江苏省江都县（今属扬州市）

西门人，住扬州西门街小梅家巷，其医疗活动的主要区域是江浙地区（包括在上海的八年），弟子也主要是上述地区的人。1962年，上海推拿学校校长朱春霆对采访他的上海《大众卫生报》记者称丁凤山“为江浙两省一指禅推拿创始人”，一指禅推拿流派以上海为基地辐射江浙。

丁凤山以一指禅推拿和针刺行医，遍治内外科疾病，其绝招是用缠法治疗外科痈疽、喉痹、白喉、乳娥，疗效颇佳，清末已名噪江浙沪一带。1912年，丁凤山由门人钱福卿接往上海行医，推拿医寓设在新租界的北山西路缸甏店北横街第二家（见1914年、1916年、1919年、1920年上海商务印书馆《上海指南》）。1920年丁凤山赴杭州为浙江省督军杨善德之妾治病，不幸中风，暴卒于旅馆，享年73岁。王松山、钱福卿、沈希圣等弟子从上海到杭州奔丧，扶柩回沪，1924年后将他移葬于上海联义山庄。

一指禅推拿有以下特征。首先，一指禅推拿将禅学、禅功融入医学，倡导“用心看病”，即要以通过修炼的禅心、禅境来看病。因此一指禅推拿对学生和从业者自身素质要求极高，他们不仅要有扎实的医学基础，更要以禅学、禅功来修炼自我，以达到知我、知人、人我合一的医疗佳境。其次，一指禅推拿在临床上以一指禅推法为主，在中国传统文化和中医理论的基础上，充分吸收利用现代医学，治疗手法更加充实，疗效更加显著。

一指禅推拿的治疗范围非常广泛，包括骨伤、内科、外科、妇科、儿科等各科疾病。它不仅仅治疗肩、颈、腰、腿痛等骨伤科“外症”，还擅长治疗各科“内症”，如头痛、失眠、中风、月经不调、小儿体弱多病、慢性疲劳综合征（亚健康）等多种疑难杂症。

一指禅推拿流派传承现状如下。由于一指禅推拿流派长期以师徒传承，对学徒素质要求高，60多年来全国都一直处于后继乏人的尴尬局面。温州市政府、温州市卫健委高度重视一指禅推拿的传承工作，于2010年投入25万元人民币建设温州市一指禅推拿临床基地。基地目前已培养出一指禅推拿传承人6名，带教推拿临床医生80多人，传承方式得到国内业界的高度认可。温州一指禅推拿在国内已有一定的知名度，在温州的传承和发展也一直得到国内一指禅推拿业的高度关注。2015年10月“温州市一指禅推拿中心”列入温州市“311工程”重点学科建设项目。（撰稿、图片：章文宇）

卧龙风食散（午时茶）

03

瑞安市

2014 年列入第八批温州市非物质文化遗产代表性项目名录

在千年古县瑞安，有一种独特的茶叫“卧龙风食散”，又称午时茶，它历经几代人的传承和不断改进，已成为瑞安民间保健防病的常用药，具有很高的经济价值、实用价值和推广价值。

端午节前后，是百草茂密生长的季节，极为适宜采药草。浙南一带各地城乡的老人、妇女，经常上山采集如菖蒲、茵陈、木香、勾藤、檬槌草、绣花针、夹食茶等多种驱湿热的草本植物，晒干备用。民间注重口彩，讲吃药不吉利，所以讲药为茶，吃药叫吃茶，端午备草药便称作“备节茶”。据说在端午节中午采摘的草药药力最强，药效最好，人们会在这天放下活计上山去采药草，回来后将许多种治疗常见病的药草合在一起炖喝，叫吃“午时茶”，说是喝后身体强壮，一年百病不生。因午时茶具有疗效确切、使用方便等特点，各地根据实践经验或改善疗效的要求，在原始药方的基础上加以衍化，目前流传较广的有上海方、南京方、天津方、武汉方、广州方、福州方、南昌方、沙市方、重庆方、兰州方、禹县方 11 方。

瑞安市地处浙江东南沿海，自然资源丰富，民间文化源远流长，为中医药事业发展创造了深厚的群众基础和文化底蕴。瑞安卧龙风食散系清末医僧、天王寺住持大川禅师创始，历史悠久，通过山区野生或栽培中草药配制，经人工制作而成，易保存，使用方便，无副作用。寺庵大都在山区或靠近山的地方，中草药资源丰富，路边、池塘边、山田边等地随处可栽。因而明清以来，各庵堂住持都有做午时茶的技术和习俗，僧尼按季节采收、洗净、晒干、贮存草药，代代相传午时茶的制作方法。

清光绪三十一年（1905）八月初九，飞云江渡船失事，溺死 13 人。为此，吴之翰创办飞云江义渡改良会，以革除义渡世袭之弊端，制订章程，选考船夫，修造船只，加强管理，免收渡船费，拓宽南岸码道，新建北岸待渡亭，并向天王寺大川禅师征求“午时茶”为义渡百姓所饮。大川禅师十分赞同，终因年事已高，力不从心，于是将“天王寺午时茶”的配方、制法等传授给吴之翰。吴之翰后传之其孙吴卓闻（生于 1939 年）。吴卓闻在家制作之余，常到本寂寺做客，见本寂寺僧人仍以该寺传统配方制作，于是将祖传医僧药方交给主持释传一，两个药方结合起来，效果颇好。

卧龙风食散是预防疾病及风、寒、暑、燥、湿、火六淫病的有效药物。历来以成本低、效果好受到广大群众欢迎。卧龙风食散性味平，有解暑、消食、散风、化痰、健脾等功效。初夏时节至端午前采集的新鲜中草药，如地丁、紫苏、土牛夕、凤尾草、茶菊、桑枝、金银花藤、白英、白马兰、龙芽肾、车前草、石韦、藕叶

1. 采集新鲜中草药并晒干

2. 切碎

3. 热炒前修剪

4. 经磨粉机磨成粉末

5. 包装备用

等，经过洗净、晒干、切碎、热炒等工序处理，再经磨粉机磨成粉末，最后分小袋包装备用，存放时需避免受潮。使用时取一小包，视症状，分别以开水、盐汤、蜜汁、糖汤、葱汤、姜茶等作引服用。

本寂寺寺内有百草园，释传一在园内种植金银花、勾藤、西湖柳、石血、薜荔、扶苏、爵床、红菜、车前草、大飞扬、一点红、鱼腥草、天胡荽、白毛苦、凤尾、乌韭、龙葵、紫地丁、野菊、牛膝、大艾、叶下珠、马齿苋、鸡眼草、遍地锦等草藤。

高血压患者不能随意服用市场上销售的午时茶，而瑞安卧龙风食散（午时茶）对高血压患者却有辅助降压作用，同时对肝、肾、胆等病具有预防保健作用，得到了本地广大民众的高度赞扬。

午时茶原料取自天然的山野中草药，人工制作而成。作为本土民间中草药制剂，午时茶有性味平和、无副作用的特点；又因为就地取材，而且四季都有，草药挖掘方便，成本低。对旅游或出差遇到水土不服或偶感风寒等问题，取午时茶若干袋，便可治好，有携带方便、见效快的实用价值。（撰稿：谢洲 / 图片：尤新东 曹启荣）

第九章 玖 民俗

温州端午龙舟竞渡习俗

01

市本级

2012年列入第四批浙江省非物质文化遗产代表性项目名录

温州龙舟竞渡习俗源自越王勾践，北宋初年已经兴盛。据嘉靖《温州府志》记载：“竞渡起自越王勾践，永嘉水乡用以祈赛。”弘治《温州府志》记载，皇祐、至和年间，刘述知温州，建思远楼以观竞渡。至今每到端午，温州市近80%的县（市、区）都会开展俗称“斗龙”的龙舟竞渡活动。竞渡一般在农历五月初一正式开始，从初一到初六，每日都有竞渡活动。

温州龙舟活动有以下两个特点：

一是竞技性强。温州百姓认为龙舟竞渡起源于越王勾践训练水师，所以竞渡双方为了夺取胜利，都会拼尽全力，奋勇争先。龙舟胜负关系到地方荣誉，岸上的观众也会为代表自己地方的龙舟呐喊助威。河面的龙舟与岸上的观

2012温州龙舟文化节暨塘河龙舟拉力赛开幕式

众互相呼应，竞渡场面更显激烈，表现出了强烈的竞争意识和武勇精神。

二是带有民俗色彩。温州龙舟的竞技过程带有一层礼俗色彩。竞渡不仅比谁快，还要比装扮和旗手，同时祭品的丰富性、参龙师是否机敏都会为人关注。

此外，温州龙舟的竞技性决定了温州龙舟造型的独特性。温州龙舟船体狭长，结构轻便，当划手齐心协力划桨时，龙舟简直就是贴着水面飞行。龙舟上除划手外，还有负责鼓、梢、锣、旗、唱神、托香斗等的人员配置，分工精细，各司其职。温州的龙舟竞渡，既斗勇更斗智。竞渡过程有各种各样约定俗成的规则，参赛各方都要合理地利用规则来扩大自己的优势。

总之，温州龙舟竞渡历史悠久，文化底蕴深厚，参与面广、影响力大，与江浙传统民俗文化和吴越文化融为一体，具有重大的历史文化价值。通过龙舟竞渡活动，龙舟与沿岸观众呐喊互动，使个人行为与集体行为有机融合，促进个体人格和社会人格的和谐统一。（撰稿：胡晓敏 / 图片：温州市非遗保护中心）

2013 温州龙舟文化节暨塘河龙舟拉力赛龙舟展示

2012 中华龙舟大赛（温州站）起航点

水上划台阁

02

瓯海区

2023 年列入第六批浙江省非物质文化遗产代表性项目名录

水上台阁，亦称“彩舫”，是温州独有的一种观赏用龙舟。这种龙舟上搭设亭台楼阁，上有装扮人物和秋千乐队。水上台阁一般设有亭台三座，中亭高耸，用木材或竹竿搭设，形似亭台楼阁，故而得名。每当端午佳节，装饰簇新的台阁缓缓游于河面，其上秋千回转，旌旗飞舞，俗称“划台阁”。台阁约长 30 米，宽 3 米，深 0.7 米，可容百余人。前后装饰龙头龙尾，均用木头精雕细刻而成，龙的须角、眼睛、鳞片等用彩色油漆或贴金装饰。台阁两旁描绘有龙鳞图案，涂金饰彩，光华夺目，外挂红彩，色彩鲜艳。

温州端午节划台阁之风俗，大约始于清，盛行于民国，迄今至少有二百年的历史。方鼎锐《温州竹枝词》对其盛况这样描述：“午日江城竞渡时，倚楼画阁望迷离。半天忽动秋千影，龙女腾空作水嬉。”清时郭钟岳《东瓯百咏》云：“龙舟竞渡闹端阳，五色旌旗水上扬。争看秋千天外荡，艄婆笑学女儿装。”

划台阁的风俗一直深受老百姓喜爱。清末张棡所著的《张棡日记》中记有当时的盛景：“彩舟尚未装扮齐整，各船均出白鹤桥外先看竞渡，

1922 年拍摄于南塘

两岸游人拥挤不堪，真一场大热闹也……遥见旌旗飞扬，光彩夺目，自城隍庙河边缓缓而来，龙舟身约长数丈，中有亭，结彩高矗，内扮秋千架一字，诸小童各扮古人杂剧，演打秋千，舟两旁各插五色绸旗。舟前头一小童，头戴金冠，双插雉尾，身穿蓝缎洒金蟒袍，面如冠玉；舟尾坐一小童，装扮女儿，头戴珠簇斗篷，身穿湖色纱衫，大红裤子，三雨弓鞋，手执画楫，貌若天仙，观者无不喝彩。两岸均有香案迎接龙神……”

旧时，由于划台阁活动耗资巨大，地方财力有限，故非年年都办，一般隔年举办一次，亦视年景丰歉而定。近年来，随着经济发展，人民生活水平提高，划台阁这项深受大家喜爱的民俗活动再次活跃起来。2003 年、2012 年，梧田热心群众耗资几百万，再次组织水上划台阁活动，使之重新焕发生机活力。

水上划台阁作为比较大型的民俗活动，历史上一直以地方绅士、商贾、庙宇头家作为发起者和组织者，属于集体传承。自 21 世纪初水上划台阁民俗活动恢复以来，自小就出生在塘河边的瓯海区梧田街道南堡村村民林春微，一直致力于组织这一活动，先后筹措了上千万资金，建造了 4 艘大型水上台阁，使这一失传了多年的传统民俗活动有了载体，并得以恢复。从其祖父林洪友起，林家就与水上台阁结下了不解之缘。林洪友是水上台阁的主要划手，也是参事者。林春微父亲林长生出生于 1933 年，曾担任水上台阁的划手与酬神者。1954 年出生的林春微，作为家族第三代传人，担任恢复后的水上台阁活动的头家，2014 年被评为温州市第三批非遗项目代表性传承人。第四代家族传人为 1977 年出生的林春微的女婿曹晓勇，现为水上台阁民间活动的头家与组织者，2021 年被评为瓯海区第三批非遗项目代表性传承人。（撰稿、图片：瓯海区非遗保护中心）

2007 年恢复后的水上台阁

张璁祭祀

03

龙湾区
2008 年列入第二批温州市非物质文化遗产代表性项目名录

张璁（1475—1539），字秉用，号罗峰，明世宗赐名孚敬，字茂恭，浙江温州府永嘉县（今温州龙湾区）人，明朝中期重臣，“嘉靖革新”重要人物，卒后赠太师，谥文忠，明世宗遣官谕祭，有祭文多篇存世。

张氏祖祠行春秋二祭，规模宏大，据说曾以虎肉上祭作为三牲福礼，后改用全猪、全羊，名为“大三献礼”。祭祀流程繁多、庄重肃整，虽近几十年来未有大祭活动，但民间、文献中一直保留着祭祀流程。2007 年，张璁文化研究会成立，根据《闻知录》祭祀仪式资料，经与本村耆老访谈，再行演练后恢复大祭仪式。

大祭仪式步骤可分祭祀前、中、后三部分，以祭祀仪式为中心。

准备工作。大祭前五日，通告祭期，贴昭告文。做好筹备工作，在祖祠内布展涤器、展牲、供品，中堂设茅草、沙盘，布置好周边环境。演礼时，值年者鸣鼓三通，上三牲福礼，只焚香不点烛。

仪式流程。张璁祭祀跟传统祭祀类似，但也有特殊之处。祭祀前，鸣炮、击鼓三声、起大乐、转奏细乐，执事者登坛，主祭者就位，称“坛祭赞礼”。之后，在主祭者引唱、通唱中，启椟、奉祖后，众人按族中地位、辈分、年龄等情况进行祭祀。祭祀有一定的规定，不得僭越，体现张璁的礼制要求。其主要有：1. 子孙们齐至香案前，巾栉，诣祖，跪香案前。2. 三上香，三跪拜。3. 在主祭者引导下，众人行初献礼，大宗子在引护下，进行三次下阶跪拜、献礼。4. 参神后，教歌童引读“家庙诗”七章。5. 进大牲（进毛血）、腥肉、熟肉，献馔、献饭、献形羹。6. 行亚献礼，读祝文，这是重要的一步，祝文的读

族人抬祭品入祠

族人摆设大烛

执事者登坛，主祭者就位

初献礼

宣读祝文

法是传统吟唱、诵读，有腔有调。7. 行三献礼，祭酒、奠酒、进醇、受爵，或称“饮福酒”“受胙”“告礼成”等，颇有古韵。8. 祭祀告成后，由族长公面朝南读家族“训诫”，进行家风教育。9. 仪式最后，辞神、焚帛、焚祝文。

仪式宣告结束后，在张璁祖祠内举办“祠堂酒”。张璁祭祀与其他祭祀有所不同，别有特色。春祭时间为正月十三，早于其他宗族祭祀；规格高，祭祀时宗子向祖宗行二十四拜“朝纲大礼”；祭祀路线须三次下阶三次复位，这些都体现张璁作为内阁首辅的身份。摆设、仪式均有深意，如祭祀前张贴“戒污文”“昭告文”，祭土地、祭门神，中堂案前列茅草、黄土之盘等，为其他祭祀所没有，又如人员集中为社、茅草为稷，代表社稷，黄土代表皇天后土，倒酒先敬天地。鸣钟、击鼓、击磬，引读诗歌、宣读宗训族约，歌童向教师行礼，教师赠笔墨等祭祀仪式体现“耕读文化”。（撰稿：陈贤宝 / 图片：张璁文化研究会）

海岛做红圆红龟习俗

04

洞头区

2011 年列入第五批温州市非物质文化遗产代表性项目名录

过去，海岛民间一般信奉神佛，生产生活中的红白之事，都要求神拜佛。而求神拜佛要制作供品，供品一般是有一定象征意义的吉祥物。红圆和红龟就是那个时代的产物。随着神佛信仰习俗的流传，红圆红龟在洞头久传成俗也有数百年历史了。

制作红圆和红龟，需先把按比例配成的糯米和粳米磨成粉，加食用红粉搅拌，揉搓成粉团；另把糯米、红糖、花生、芝麻煮熟混合，俗称“米糕”；以米糕作馅，外裹粉团，制成椭圆形，入蒸笼蒸熟，即成红圆。红龟的用料与红圆一样，只是制作时多了一道工序，即把已包了馅的粉团制成扁条状，放在一块雕刻有龟状的木模上印成，再入蒸笼蒸熟。红圆的外形呈半圆状；红龟则呈扁平状，外表印有龟纹。二者都是红色，所以以此命名。

一般婴儿满月、度晬（即周年），少年入学、过成人节，上岗就业、结婚成家，盖房上梁，

红圆红龟作为 16 岁成人仪式贡品祭拜七星娘娘

非遗市集活动现场品尝红圆红龟

新船出海，做十祝寿等喜事庆典，都要做红圆。

为消灾解厄，祈求保佑，或做敬、做功德、敬佛、谢佛等一般庆典时，要做红龟。当然有些重大红白喜事，既做红圆也做红龟，庆典则更加隆重。例如孩子满月、度晬，用12只红圆垒成一盘，先在祖宗牌位前奉祀，然后到有关的几座庙里去供奉，以祈求孩子一年到头无灾无病，身体健壮，皮肤红润，然后把红圆分送给亲朋好友；孩子长到七八岁，在入学前，要到外公或舅舅家里“挑红圆”，外公一般要制作120只红圆给外孙挑回家，分送给邻里和亲友，不管外公或舅舅家境如何，这一担红圆是万万不可少的，以示外公或舅舅给了孩子一生的红运（好运）。孩子长到十六岁，要制作红龟，数量按应分送的亲朋好友和邻居的多少而制作。十六岁称“成丁”，进入成人行列，分送红龟，以示长命百岁；甲子之年（60岁），被称为人生寿数必须跨越的第一道门坎，“百岁寿命足可求，先达甲子五十九”，六十大寿一般都在59岁生日这一天过，这一天要做红龟，一般要做100只或102只，为活过百岁之意。

再如新房子落成，在上梁这一天，要制作很多红圆，一盘12只供奉在新房子的厅堂上，以示一年到头红红火火、团团圆圆。上梁的时辰一到，主人家要把108只（按36天罡，72地煞，讨吉利，消灾厄）红圆拿到房子顶上，向东、西、南、北、中五个方位抛下，抛下的红圆任由孩子去拾捡，含有发财有余、济众居安之意。然后，还要给建房子的工匠领班一盘（12只）红圆，其他工人每人一双，以示共贺。（撰稿：陈爱琴 卓桂枝 陈献英 洪晨 / 图片：陈爱琴 卓桂枝 陈献英 陈丽萍）

传承人制作的红圆红龟成品展示

红圆红龟传承人展示制作过程

智仁五保元宵花灯会

05

乐清市
2020 年列入第十一批温州市非物质文化遗产代表性项目名录

智仁五保元宵花灯会始于明，盛于清，传承至今已有 500 多年历史，20 世纪 50 年代后一度中断，1986 年恢复，之后每年都举办。

元宵节是中华民族传统节日，千百年来，具有浓郁中华民族特色的元宵节庙会传承不断。智仁五保，即西滩乌芦岙、下岙、上岙、大台门、大井头五个保，每年都举办五保庙会活动。迎灯队伍以五保大庙为起始点，以马灯开路，接着是舞龙灯、闹花灯。祭祀由头保主持，头保按五保轮流。

元宵花灯会寄托着五保群众祈求来年丰收、岁岁平安的美好愿望。花灯队沿途所到之处，家家户户摆香宴、出红包。花灯形状多样，有龙灯、狮子灯、鲤鱼灯、花灯、五角星灯、十二生肖灯等不计其数，均由各村村民自己制作，融入时代文化新内涵。迎灯队伍经过村头巷尾，跑马呐喊，锣鼓喧天，一直持续到深夜。

2017 年的五保庙会，第一保是大台门，第二保下岙，第三保上岙，第四保大井头，第五保乌芦岙（第二至第五保的顺序由抓阄决定）。

每个村的花灯队伍浩浩荡荡，汇集到五保大庙。花灯队以 2 个竹编大灯笼“高照”及 2 个悬挂于长竹竿上的红灯笼“旗牌灯”引路，紧跟着的是 10 匹（每村 2 匹）一人多高的大马灯，通常由三四个成年男子推着快速前进，一边跑一边大喊，路人纷纷避让，就好像真的有

祭拜供品

骏马飞奔而来。村里的老人介绍，马灯上骑着的是各村的“庙主”及其“随从”，威风凛凛。马灯后面便是龙灯，通常有5—10米长，浑身缠绕LED彩灯，特别漂亮。之后就是各种花灯、生肖灯等，2017年鸡年特别制作了“雄鸡灯”，流光溢彩。到了五保大庙后，5个村按顺序拜见太婆娘娘。太婆娘娘端坐在大庙正殿，两侧各有两名童子。花灯拜太婆娘娘的顺序也有讲究，先是马灯，再龙灯，最后是各式花灯，每个灯都要拜三下。

五个村都拜完太婆娘娘后，将太婆娘娘请出庙，坐上花轿，带领着五个村的花灯队开始游行活动。先到第一保村中，沿途村民均设置香案，虔诚跪拜，祈求来年幸福安康。每到一个村的庙中，都要再请出太婆娘娘，所有花灯再拜。如此五个村游行完毕，要3个多小时。尽管已是深夜，花灯所经之处仍然人声鼎沸，热闹非凡，充满节日氛围。五彩的花灯，欢笑的人潮，再加上天空中一轮皎洁的明月，绝对是良辰美景共盛事，令人流连忘返。（撰稿、图片：乐清市文化遗产保护中心）

五保“庙主”

祭拜现场

龙灯表演

隆山庙会

06

瑞安市
2016 年列入第十批温州市非物质文化遗产代表性项目名录

隆山塔

隆山庙会是每年农历五月廿四（杨府爷生辰）纪念杨府爷父子的民俗信仰活动，至今已有 900 多年的历史。随着时代发展，隆山庙会从单一的信仰逐渐发生变化，结合其他民俗如民间戏曲、民间舞蹈、商贸会市等，形成集信仰、舞蹈、戏曲、体育、商贸于一体的独特民俗形式。

隆山，是瑞安城的标志，位于飞云江下游北岸，瑞安老城区的南方。依古代地理阴阳学的解释，其方位在东，属青龙，故亦称“龙山”。传说东晋太宁三年（325），有白鹿衔花止于岩上，便又名白岩山。它在历史上的战争年代里还曾是军事要地。据旧志载，北宋大观年间，邑令吕勤以世俗之见认为城东南势薄，故在此山顶建塔以壮之。明洪武十二年（1379）重修，抗日战争时被拆掉塔顶，1989 年修建一新。隆山塔与飞云江大桥交相辉映，风景壮丽，是舟船进港的自然航标。

庙会，亦称“庙市”，顾名思义就是在庙宇附近聚会，进行祭神、娱乐与集市活动，是一种民间信仰与岁时风俗活动。庙会因祭祀活动而产生，因娱乐大众而发展，因商品交换而兴盛。隆山有不少庙宇，山上有隆山禅寺、杨府庙与杨真人殿，山下有明因寺、隆山宫、月井庙与显福庙，庙会主要在山上的三个庙宇及周围举行。

隆山禅寺建于北宋太祖开宝八年（975），位于隆山顶上，其前身是塔院，在隆山塔之东南侧，是座千年古刹。每年的隆山庙会引来高僧做法事或邀道士一起在大雄宝殿做水陆道场，僧侣与当地信众聚集，拜佛念经，祈求神灵赐福。由于该庙面积宽，天井大，庙会时小商品摊贩常集于此，甚是热闹。

杨府庙，在隆山禅寺左后侧，隆山塔之东南方，1995 年拆旧建新，五间二进，只有主殿，塑杨府爷神像，因前面戏台被拆未建，庙会武术表演需临时搭台。隆山庙会传说为纪念、祭祀杨府爷父子而产生，故此传说中的杨府爷生日（农历五月廿四）为庙会日。

杨府上圣殿（杨真人殿），也称“老杨府殿”，每逢庙会延请戏班演戏文，过去有大三庆、常胜春、金福连等戏班，常斗台演出酬神。中有天井，二进大殿内是杨府上圣神像，殿外有石亭，可观东海日出，在晴朗无云的日子登临亭上，还可远眺近海岛屿，能看到丁山、凤凰头、齿头、上根等，故名观海亭。庙内有神船，是当地渔民为求出海平安、渔业丰收，而祭祀海神用的。可惜该庙在 20 世纪 40 年代被日军飞机炸塌，20 世纪 50 年代拆除，遗址旁观海亭尚在。

过去隆山上的盛大庙会，主要内容包含祭祀、武术表演、做社戏、小商品交易等，而三庙各有侧重、各有特色。每逢庙会，杨府庙戏台上会举行拳棒武术套路表演，各地拳师、武术爱好者云集。拳术表演大多是南拳套路，先由有名老拳师的徒弟、青少年们身披红绸开打

隆山庙会武术节

“小四门”“大四门”，接着进行拳术、棍棒、刀枪器械套路表演。

庙会那几天，城乡各地的佛道信徒、小商小贩等云集隆山，平坦空地上与路旁，货摊星罗棋布，出售各类日用小商品、农副产品、食品小吃、玩具古董、书画花鸟、刀枪棍棒等，其中刀枪棍棒和佛道用品为特色商品。到了晚上、满山灯光，游人上山落岭的照明灯笼，一上一下酷似两条火龙在蠕动，煞是精彩。庙会期间，周围的白岩桥、塘根、三圣门、十八家等地方的村民，都要接待远道而来的亲友，为其安排膳食、住宿，如逢盛大的喜庆节日。

1951 年起，由于种种原因，隆山庙会停办。1983 年一批武术爱好者在隆山塔边举行武术表演。1995 年 7 月隆山周边村落白岩桥、塘根、十八家、三圣门四村的老年协会决定联合出资兴建隆山杨府殿，开辟武术健身活动中心。1997 年 6 月 28 日（农历五月廿四），隆山庙会暨瑞安市民间传统武术节热热闹闹地举办起来，并一年一度延续至今。新时期的隆山庙会以武术节为主要内容，各路拳师以南拳套路手法为主在戏台上进行拳棒武术套路表演，延续武术表演盛会，热闹程度已大不如从前。（撰稿：何克识 / 图片：瑞安市非遗保护中心）

扦柚球

07

文成县
2011 年列入第五批温州市非物质文化遗产代表性项目名录

文成流传着这样一句童谣：“七月三十背香球，坐夜到天光。”这里的香球，指的就是柚子。扦柚球，是温州民间的“三官信俗”（地官：地藏王菩萨）之一。每年七月的最后一天，相传为地藏王菩萨的生日。这一天，人们在街巷地上和居家庭院遍插点燃的香烛，叫作“地灯”，在屋檐下挂“香球”，一来是祭祀地藏王菩萨，二来是祈求神灵保佑一方，风调雨顺，六畜兴旺，大吉大利。

在文成，扦柚球又称为“柿灯节”。每年的这个时候，恰逢柿子成熟时节，而“柿”谐音“市”，应了“利市大吉”的吉言，于是人们就地取材，摘下最新鲜的柿子，请地藏王菩萨“尝尝新”，柿子成为祭祀地藏王菩萨的主要供品；再加上扦满了点燃的香烛的柚球火光熠熠，恰似明灯一般。文成人于是就将这一天取名为“柿灯节”，既保留了原来的扦柚球的传统，又给这个节日增添了热闹喜庆的氛围。

每年农历的七月二十九日或三十日，人们一早就取出了焐好的柿子，洗刷了所需的碗盘盆盅、箸勺杯桶，准备好荤素佳肴、水果家酒。当然少不了“主角”——柚子，家家户户都要挑选一个碧绿滚圆的最大、最熟的新柚子，首先用菜刀把柚子的顶部切平，然后用一米长的竹子牢牢地插进柚子底部的中央，最后在切平的顶部插上已点燃的香烛，要求香围成圈，最好围上好几重，蜡烛一定要插在香围成圈的正中央，这样，一个如刺猬一般的柚球就做好了。

按惯例早被邀请的亲朋好友跨省过市、翻山越岭，中午时分到家，大人们相聚一堂，拉家常叙衷肠。而最高兴的要数孩子们了，他们去堂前屋后、邻家小巷追跑嬉闹，脖子上挂着用线穿起来的小柿子，手擎香烛点燃鞭炮。天一黑下来，热闹的柿灯节才算真正开始，鞭炮齐鸣，锣鼓喧天，欢声笑语。孩子们口嚼馍糍，肩扛手擎“香球”，欢快的身影到处穿梭。远远望去，山边、田野到处是火红的“香球”在夜幕中飞舞。在文成方言中“扦”“抢”为同音，故有些地方还有抢柚球的习俗，孩子们的追逐、抢闹给“柿灯节”增加了不少气氛。大人们一边饮酒、唠家常，一边欢欣地观赏这一年一度的欢乐而热闹的夜景。老人们则拥向戏台看大戏。等热闹过后，还要“坐夜”（守夜）到“天光”（天亮）。

柿灯节的产生和发展，源于民间对于神灵的信奉和崇敬，是一种民间信仰的表现形式。但相较于很多程序繁复，庄严肃穆，甚至有些“高大上”的民间信仰活动，柿灯节更加生活化和大众化，在民间广为流传，深受老百姓的喜爱。（撰稿：谢鸣 / 图片：赵乐成）

柿灯节村民摘柿子

文成白露习俗

08

文成县
2023 年列入第六批浙江省非物质文化遗产代表性项目名录

“白露露茫茫，高山早稻黄。”这是文成民间的谚语，单季稻收割是山区一年最重要的收获，稻谷代表主粮，也是财富的象征。丰收的期盼和夏荒的偿贷都集中在秋稻上，“秋社”的报偿也以稻谷为主体，这些都赋予秋稻独特的地位。尝新节是以新米为品尝对象的节庆活动，择吉举行，祭天地、敬祖先、酬耕牛、尊家主、会亲友，是既有家庭性又有社会性的丰收仪式，部分村庄有舞龙、鱼灯的习俗。

文成白露习俗包括在白露期间收割单季稻，举办尝新节、路会、亭会、修路建亭活动以及秋后民居家具营造、保健养生等一系列活动，是山区二十四节气序列中最有影响力、最有文化力、最重要的生产生活习俗之一。与立夏并列，白露也是代表“春种”“秋收”的重要节令。它的内容主要有：1. 单季稻秋收，割稻、晒谷、入仓；2. 尝新节，主要为割新稻、祭天地、荐祖先、尊家主、会亲友、酬耕牛、留余饭七大内容；3. 修路亭，启动路会、亭会、桥会，动用路田田租、乡绅捐资，民众出力，开展修路、修亭、修桥等公益活动，维护红枫古道；4. 筹划营作，建房、置器、酿酒、腌菜、制干；5. 保健养生，

尝新节山货集市

尝新节献穗、献果、献鱼、献爵等仪式

尝新祭拜天地仪式，其中田鲤鱼和由嫩谷炊熟制成的米饭是最重要的祭品

白露尝新时，文成民间有开镰、捉田鱼等活动

吃番薯、吃梨、吃鸭、煲中药食补汤；6. 秋社，早在元末刘基的《题富好礼所畜村乐图》就描述了“村歌社舞”祭地主庙的场景。

项目特点有：1. 极具时令性，与秋后节候紧密结合，以农耕方式传承；2. 具有组织性，动员了地方的劳力、乡贤精英和政府官员，以村落或宗族组织传承；3. 体现公益性，就山区最重要的公共空间路、亭、桥等建筑设施开展公益活动，以村落、民间社团、企业组织传承；4. 具有地方文化性，通过尝新、秋社等仪式提炼和展示精神文化，形成共同体意识，以家庭仪式和村落仪式传承；5. 路会活动形成习俗，以自然规约的形式界定村界。

文成白露习俗广泛分布于文成县域，辐射浙南、浙西南山区，围绕文成县形成共同人文地理环境“白露民俗圈”。处于文成县铜铃山国家森林公园深处的下垟村，是白露习俗保存较为完好的地区，至今保留公共“路田”一丘，以及白露节全村劳力共同劈草修路、全村择同一日尝新、以第一把稻草酬牛、白露日吃番薯、白露后制酒曲酿酒等习俗。村里的“浙南民俗博物馆”收藏四千多件农耕文明器作，其中一部分涉及白露和秋收习俗。在畲族聚居地区，畲民每到白露日都会自觉到地主庙前集合修路，过尝新节，并把新米煮沸后的第一瓢米汤酬牛。南田山上的二源镇是温州重要的粮食蔬菜供应基地，尝新习俗氛围浓重，邱老汉农庄依据当地的尝新节习俗，于 2017 年推出庆丰收仪式和尝新宴文旅活动，宣传白露秋后保健养生知识，为乡村振兴提供了以农民为主体的创意产品。

白露节候还是养生保健、农家营造的重要时间。刘基《多能鄙事》保留许多白露食疗配方，刘耀东《疚庼日记》记载了丰富的白露症候和保健养生方法，民间仍有开展食疗进补的习俗。

文成白露习俗具有地理性、节气性、组织性、公益性、节庆性、养生性，是地方历史文化的集体记忆、二十四节气文化的代表，展现了红枫古道的文化内涵，为地方公益慈善事业提供了“公益日”，为美丽乡村建设描绘了刘基诗歌的审美蓝本，为文旅康养事业提供了科学的节令食补食疗经验，体现了重要的文化价值、经济价值。（撰稿：谢鸣 / 图片：文成县非遗保护中心）

苍南宗谱编修习俗

09

苍南县
2012 年列入第四批浙江省非物质文化遗产代表性项目名录

活字印刷

祭谱传香火

族谱是记载各个家族子孙世系传承之书，记载了一个宗族迁徙、繁衍、兴衰全过程中的诸多大事，以及居住地的人文历史、地理、环境等情况，是中华民族的三大文献（国史、地志、族谱）之一，包含着丰富的历史学、民俗学、人口学、社会学和经济学等内容。

修编谱书，各地习俗各有不同，苍南的修编宗谱习俗独具特色。苍南民间修编的谱书分宗谱、房谱、支谱、家谱诸类，宗谱又称“正谱”，包含姓氏封面、红封、修谱目录、首事名录、历次修谱人姓名、行第、凡例、族规、家训（十则）、旧序、新序、坟山基图、山场、墓道、艺文（传、赞、像赞、墓志、碑记、迁徙史、寻祖记、祠堂记、郡号、堂号）、祖图、像图、世系支图等内容，其中传又分内传（内纪）和外传（外纪）。谱书中记载了大量的历史事实，含有丰富的历史文化内涵。

苍南民间宗族谱书十年一小修，二十年一大修，每次修编宗谱要经历开祠堂议事、择吉、请谱师、启谱（开谱箱）、立誓、采丁、誊清、祭祖、开印、择吉牵红枝、圆谱（又分：道士做道场、和尚做功德、祭祖、接源头线、传谱、发谱、封谱）等程序，每个程序均有独特的祭祀仪式，每个仪式均包含丰富的文化艺术内容，具有浓郁的地域特色和民族特色。

旧时，苍南民间印谱通常采用传统的木刻活字印刷，这种印刷技艺是中国古代活字印刷的活化石。木活字印刷为纯手工操作，费时、费力、费钱，同样的族谱，木活字印刷的成本差不多是铅印成本的四五倍。随着科技的发展，如今修编谱书基本采用电脑排版印刷。（撰稿：苍南县非遗保护中心／图片：杨思好）

修谱师的启印贺词

民间礼官——礼生在摆设祭品

卢梨寺晒经会

10

泰顺县
2009 年列入第三批温州市非物质文化遗产代表性项目名录

崇教寺（俗称“卢梨寺”）晒经会是一种佛教法会，也是一种参与面很广的佛事民俗活动，在浙南和闽东一带很有影响力。

卢梨寺位于三魁镇卢梨村，是泰顺四大古刹之一，始建于北宋政和元年（1111），初为小庵，南宋嘉泰三年（1203）赐额“崇教寺”。自古以来，寺院僧人在每年的六月初三都有晒经书的习惯，相沿成习，这一天成为卢梨寺的重要佛事节日。明代卢梨寺因战乱，曾屡毁屡建，晒经法会也因此没有正常如期举办。清咸丰七年（1857）、宣统元年（1909）寺庙先后重修，卢梨寺恢复了一年一度的晒经法会。

当代卢梨寺晒经会所晒经书以《三藏经典》为主。《三藏经典》共 700 多卷，据宋版影印，民国二十五年（1936）印刷，据称浙江只有两套半存世，而卢梨占其一，是镇寺之宝。《三藏经典》最早为泰顺三峰寺的镇寺之宝，据说当初从上海请进泰顺三峰寺的时候，入城门时搭架而入，进寺规格很高。1955 年三峰寺被废，原址改建政府办公大院，《三藏经典》被送到雅阳宝林寺收藏。20 世纪 60 年代，雅阳宝林寺僧侣为保全三峰寺的《三藏经典》，又将其转移到卢梨寺保存至今。

晒经法会分诵经、请经、晒经、斋饭、再诵经、收经六个部分。请经在大雄宝殿举行，僧人在师父的带领下诵读经文。请经是整个晒

传递经书

经会的重头戏，每个来卢梨寺的人都有机会参与接经活动。接经队伍自藏经阁二楼至山门内的晒经场，近百米的线路上排满了虔诚的信徒，这 70 多个装着 700 多卷经书的木匣子经由每一个人的双手，依次缓缓地传递到晒经场。等经书依次晒出后，正好是午餐的时候。前来参加晒经会的游客比较多，餐楼上下和大雄宝殿周围摆满了饭桌。午后，再次进行诵经活动，之后按照请经的流程进行收经。

晒经会是集宗教、民俗、文物、艺术、旅游等于一体的古老而传统的集会。晒经节作为一种佛事节日流传至今，是为了保护珍贵的文化遗产，把古老智慧传承给下一代。该寺把收藏的所有经卷置于阳光下暴晒，防蛀防腐，并借此良机任人阅览，以飨读者。人们在求神拜圣、祈祷平安的同时，更多的是参与一种典型的文化信息交流。晒经会有广泛的群众性和传承性；每年的六月初三，除了本地信徒会来祈福诵经，周边乡镇甚至邻县、邻省的人们也都纷纷赶到卢梨寺，目睹这古老神秘，据说能消灾祛祸，给人带来好运的镇寺经书。（撰稿：季海波 林宗义 / 图片：陈圣格）

卢梨寺晒经会现场

经书

后记

2009 年、2011 年、2015 年《东瓯遗韵——温州市非物质文化遗产大观》（一）（二）（三）先后出版发行，引起了温州各界的关注和积极反响，同时也得到了浙江省非遗专家和兄弟市的好评，这对温州市的非遗保护工作既是一种宣传和展示，也是一种有力的鞭策和鼓励。

近年来，随着温州市非遗保护工作的不断推进，列入温州市级以上非遗名录的项目持续增加，及时汇编温州优秀非遗项目迫在眉睫。从 2022 年 5 月份开始，温州市非物质文化遗产保护中心又投入《东瓯遗韵——温州市非物质文化遗产大观（四）》的策划、组稿和编辑之中，经过一年多的筹备，终于使本书得以付梓。

本书的编写得到了温州市文化广电旅游局领导的高度重视，也得到了温州市各县（市、区）文化和广电旅游体育局的积极配合。本书收录的 86 个项目原始稿件及图片均由温州各县（市、区）非物质文化遗产保护中心提供，许博、潘新新、陈贤宝、陈献英、徐小慧、钟晨晨、夏邦周、董小娥、陈银兰、郑文清、鲍厚济、姚仁磊等同志，为本书的稿件整理和图片收集做了大量的工作。温州大学民俗专家林亦修教授对本书的编写给予了指导和帮助，在此一并表示感谢。

由于本书牵涉的项目多，有的项目涉及几个县（市、区），各地提供的文稿详略不一，书中难免会有纰漏、差错或失误，不到之处，敬请读者给予指正，我们将在今后的工作中努力改进。

编者

2023 年 9 月

图书在版编目（CIP）数据

东瓯遗韵 ：温州市非物质文化遗产大观. 四 / 温州市非物质文化遗产保护中心编. -- 杭州 ：西泠印社出版社，2024.1
ISBN 978-7-5508-4443-8

Ⅰ. ①东… Ⅱ. ①温… Ⅲ. ①文化遗产－介绍－温州 Ⅳ. ①K295.53

中国国家版本馆CIP数据核字(2024)第040653号

东瓯遗韵——温州市非物质文化遗产大观（四）

温州市非物质文化遗产保护中心 编

责任编辑 王 禾 刘建轩
责任出版 冯斌强
责任校对 吴乐文
装帧设计 黄云磊
出版发行 西泠印社出版社
（杭州市西湖文化广场32号5楼 邮编310014）
经 销 全国新华书店
制 版 温州市北大方印务有限公司
印 刷 温州市北大方印务有限公司
开 本 787mm × 1092mm 1/16
印 张 12.5
字 数 286千字
印 数 0001—1000
书 号 ISBN 978-7-5508-4443-8
版 次 2024年1月第1版 第1次印刷
定 价 80.00元

西泠印社出版社发行部联系方式：（0571）87243079